本书由2022年度山西省高等学校哲学社会科学研究
务业与制造业高质量发展的耦合协调关系研究（2022W

制造业 与 生产性服务业 互融发展研究

王瑜鑫　著

知识产权出版社
全国百佳图书出版单位
——北 京——

图书在版编目（CIP）数据

制造业与生产性服务业互融发展研究 / 王瑜鑫著.—北京：知识产权出版社，2025.6.

ISBN 978-7-5130-9974-5

Ⅰ.F426.4；F726.9

中国国家版本馆CIP数据核字第20259BL786号

内容提要

在数字技术与商业模式等多方面因素影响下，制造业与生产性服务业融合已成为优化资源配置、推进经济高质量发展的重要途径。本书在分析生产性服务业与制造业互融发展机制的基础上，构建二者融合水平指标体系+耦合协调模型，分析二者融合的发展阶段、区域异质性和行业异质性，梳理二者互融发展的融合路径，为二者互融发展提出建设性意见。

本书适合经济学专业高年级本科生、硕士，以及从事产业经济政策研究的学者与从业者阅读。

责任编辑：曹婧文　　　　　　　**责任印制：孙婷婷**

制造业与生产性服务业互融发展研究

ZHIZAOYE YU SHENGCHANXING FUWUYE HURONG FAZHAN YANJIU

王瑜鑫　著

出版发行：	知识产权出版社 有限责任公司	网　　址：	http：// www.ipph.cn
电　　话：	010-82004826		http：// www.laichushu.com
社　　址：	北京市海淀区气象路50号院	邮　　编：	100081
责编电话：	010-82000860转8763	责编邮箱：	laichushu@cnipr.com
发行电话：	010-82000860转8101	发行传真：	010-82000893
印　　刷：	北京中献拓方科技发展有限公司	经　　销：	新华书店、各大网上书店及相关专业书店
开　　本：	720mm×1000mm　1/16	印　　张：	11.25
版　　次：	2025年6月第1版	印　　次：	2025年6月第1次印刷
字　　数：	180千字	定　　价：	68.00元

ISBN 978-7-5130-9974-5

前　言

当前，制造业与生产性服务业融合受到政府、业界和学界的广泛关注。党的二十届三中全会通过的《中共中央关于进一步全面深化改革、推进中国式现代化的决定》对完善发展服务业体制机制作出部署，明确提出"聚焦重点环节分领域推进生产性服务业高质量发展"以及"推进生产性服务业融合发展"。2025年《政府工作报告》明确提出支持服务型制造转型，深入推进战略性新兴产业融合集群发展；开展新技术新产品新场景大规模应用示范行动，推动商业航天、低空经济等新兴产业安全健康发展；建立未来产业投入增长机制，培育生物制造、量子科技、具身智能、6G等未来产业。随着人工智能大数据的发展，生产性服务业在制造业价值链中的地位逐渐提升，两者间已开始呈现融合趋势。在这一形势下，深化制造业与生产性服务业融合，将是制造业摆脱"低端锁定"，并实现转型升级和推动经济高质量发展的必然途径。鉴于此，笔者在参阅了大量资料的基础上撰写本书，运用耦合协调模型对制造业与生产性服务业融合现状进行时空演变分析与评价，并探索制造业与生产性服务业融合的路径创新与保障体系构建。

本书由八章内容组成，第一章为绪论。基于制造业与生产性服务业融合与制造业升级的理论与现实，提出本书的研究问题，介绍研究意义，并归纳总结了国内外促进制造业与生产性服务业融合的政策支持。第二章从产业融合进程、融合的测度、影响因素、融合测度等方面对国内外文献进行梳理。第三章从概念角度对产业融合进行了介绍，并提出本书的理论基础，然后从融合动因、融合演进过程和影响因素的作用机制三方面，分析制造业与生产性服务业互动发展的理论机制。第四章和第五章分别对制造业和生产性服务业的发展规模、行业异质性、空间异质性及发展效率进行现状分析。第六章梳理当前测算产业融合度的方法，评价各种方法存在的优缺点以及适用性，并建立制造业与生产性服务业发展评价指标体系。第七章基于产业综合发展评价指标体系，构建耦合协调模型，对制造业与生产性服务业的融合水平进行测度，并从时间演化、空间分布、格局演变等角度分析制造业与生产性服务业融合特征。第八章在多维度视角下，对制造业与生产性服务业融合的互动路径进行设计，并提出促进构建制造业与生产性服务业融合保障体系的具体方向。

本书聚焦制造业与生产性服务业互融发展运行机制、融合现状、融合路径及保障体系的探索与思考，对促进我国制造业与生产性服务业深度融合，提升产业综合竞争力，推动经济高质量发展，具有重要的理论和现实意义。本书基于两个产业发展的大量数据，将融合机制与现实状况紧密结合，内容丰富，章节安排合理，资料翔实，可以为产业融合研究者提供参考。

在本书的撰写过程中，笔者参考了大量资料，在这里一并向相关作者表示诚挚的感谢。由于笔者能力和水平有限，拙作中难免有不足之处，如一些材料有遗落缺失，部分论证还不够全面深入，有些论点也还有待商榷等，敬请学者和读者批评指正。

王瑜鑫

2025 年 3 月

目　录

第一章 绪论

第一节 研究背景及意义

一、研究背景

全球制造业所处的经济和社会环境正在发生深刻变化，发展的不确定性明显上升。技术和知识发展对经济增长方式带来了根本性变革，有形产品或无形服务的价值创造将更多地取决于服务要素的投入力度。在逆全球化以及全球价值链重构的背景下，世界各国相继提出了加快制造业和服务业深度融合的战略及举措。从国内环境来看，中国经济已进入新时代，提出了构建以国内大循环为主体、国内国际双循环相互促进的新发展格局。这一战略背景下，国内市场需求潜力的释放离不开制造业服务化的高质量推进，而国际市场更高水平的对外开放也离不开服务贸易的高质量发展。

在新的科技革命和市场竞争趋势中，制造业企业为了提高自身的核心竞争力和附加值，开始将价值链向两端延伸，加强研发设计和市场营销等生产性服务环节。由此，生产性服务业也逐渐从制造业中分化出来，并成为促进技术进步、提高生产效率、保障生产活动有序进行的新兴服务产业。与一般服务业的服务对象是普通消费者不同，生产性服务业的服务对象是生产领域，它具有技术密集、创新密集、智力密集等鲜明特征，是为保持工业生产过程的连续性、促进工业技术进步、产业升级和提高生产效率提供保障服务的服务行业。它是与制造业直接相关的配套服务业，依附于制造业企业而存在，贯穿于企业生产的上游、中游和下游诸环节中，以人力资本和知识资本作为主要投入品，把日益专业化的人力资本和知识资本引进制造业，是二三产业加速融合的关键环节。这种融合不仅有助于提升制造业的创新能力、附加值和竞争力，还能促进产业链的整合和优化，推动产业结构的调整和升级，实现资源的共享和互补。

当前，大数据、云计算、物联网、人工智能、5G等新一代信息技术的广泛应用，使得制造业与生产性服务业之间的信息交流和资源共享变得更加便捷和高效。这些技术不仅可以帮助制造业企业实现生产过程的自动化、智能化和精益化，还可以为生产性服务业提供更加精准、个性化的服务。同时，数字经济的发展也催生了新的商业模式和业态，如平台经济、共享经济等，这些新业态为制造业与生产性服务业的融合提供了新的路径和方式。制造业与生产性服务业之间的边界也越来越模糊，两者之间的融合发展成为必然趋势。因此，推动制造业与生产性服务业的深度融合发展，实现经济循环流转和产业关联畅通，成为提升国家经济竞争力、实现高质量发展的必由之路。

我国顺应经济全球化及制造业和服务业融合发展的大趋势，先后出台多个文件以加快培育制造业和服务业融合发展的新业态新模式。如《中华人民共和国国民经济和社会发展第十四个五年规划和2035年远景目标纲要》提出：坚持把发展经济着力点放在实体经济上，加快推进制造强国、质量强国建设，促进先进制造业和现代服务业深度融合。党的二十届三中全会审议通过的《中共中央关于进一步全面深化改革、推进中国式现代化的决定》对完善发展服务业体制机制作出部署，提出"聚焦重点环节分领域推进生产性服务业高质量发展"，为制造业与生产性服务业融合指明了方向。政策措施涵盖优化产业结构、推动技术创新、加强人才培养、完善市场机制等方面，不仅为制造业与生产性服务业的融合提供了良好的政策环境和市场环境，还为企业的发展提供了有力的支持和保障。同时，通过设立产业基金、提供税收优惠等措施，降低企业融合发展的成本和风险，激发了企业的积极性和创新活力。积极推动产业集聚和区域协同发展，为制造业与生产性服务业的融合提供了更加广阔的发展空间和机遇。

由此可见，制造业与生产性服务业融合发展不仅是实现我国经济高质量发展的主动变革，亦是我国经济发展的客观需要。生产性服务业作为现代服务业中与国家经济增长密切相关的产业，其与制造业之间的融合发展，可以打破制造业升级的桎梏，创造出新的产业形态和新的价值增值点，对于促进我国制造业的转型升级有着重大的作用。促进两者的融合发展也是实现经济高质量发展的内在要求，更是关系中国能否从制造业大国转变为制造业强国的关键。在此环境下，我国制造业和生产性服务业融合步伐不断加快，一些大型制造业企业向服务业转型，取得显著进展，许多服务业企业的业务边界向制造业渗透延伸，还有部分企业被纳入先进制造业和现代服务业融合发展试点单位。但也要看到，我国制造业与生产性服务业仍面临地区发展不平衡、行业间差异及企业融合协同性不强、融合深度不够以及政策环境、体制机制难以完全适应发展进程等问题。产业融合经验不足、融合方式单一、企业利益联结松散等问题也制约了融合发展的深度和广度。制造业全球成品贸易服务中，来源于服务业的增加值占比超过三分之一，发达国家在制造业中的服务投入超过30%，然而我国的相关投入仅为10%左右（夏伦，2021）。

基于上述发展背景，本书聚焦制造业与生产性服务业融合发展路径及驱动因素进行思考与探究。首先，对制造业与生产性服务业互动发展的理论机制进行讨论，结合制造业与生产性服务业发展现状，明确两大行业融合发展的现状与短板。然后，以2012—2022年年度数据为研究对象，基于耦合协调模型对制造业与生产性服务业的融合水平进行测度，并从时间演化、空间分布、格局演变、行业异质性等角度分析制造业与生产性服务业融合特征。最后，结合制造业与生产性服务业融合的驱动因素，寻找两大行业互动融合的提升路径，提出促进构建制造业与生产性服务业融合保障体系的具体方向。研究成果既能够培育制造业企业的核心竞争力，又能不断促进制造业产业结构的优化升级，为我国经济高质量发展提供参考，具有一定的理论价值和政策决策价值。

二、研究意义

作为一种新的发展趋势，产业融合现象越来越受到关注，但理论研究仍然滞后于产业融合的实践，还需要进行更加全面、系统的研究。现有研究多基于制造业或单个服务业的空间分布特征展开，如生产性服务业的空间集聚、制造业的空间分布等。也有部分研究对两类产业融合程度进行测算，但集中于国家层面，对区域异质性及行业异质性的研究和驱动因素的研究较少，且大多基于原有的分类标准。本书基于制造业与生产性服务业融合视角，在新分类标准下对我国制造业与生产性服务业融合进行测算分析。第一，依据《国民经济行业分类》（GB/T4754—2017）以及生产性服务业分类（2015）新标准，从行业层面对生产性服务业各子行业与制造业协同融合程度进行精准测算。第二，从区域和细分行业测算制造业与生产性服务业融合水平，对其动态演化特征进行可视化分析。第三，在考查制造业与生产性服务业融合理论机制基础上，提出合理规划制造业与生产性服务业融合发展的路径，调整地方政策、缩小区域差距，并进一步提出完善行业融合模式和产业链的对策建议，为地方政府推行"双轮驱动"战略、实现经济高质量发展提供科学有效的决策依据，具有重要的理论及现实意义。

第二节 国内外促进制造业与生产性服务业融合的政策支持

在当前科技高速进步和数字信息高速发展的背景下，世界范围内的制造业呈现新的发展形态，现代服务业支撑下的先进制造业与先进制造业拉动下的现代服务业，优势显而易见。两者相互支持、转型互换同样对加快现代服务业发展，深化产业部门的分工有着很大意义。同时，推动先进制造业细致化、现代服务业高质化，使两者参与对方的生产活动，实现互相融合、互相依存是经济发展更上一个台阶的重要标志，是提升国际竞争力的必然要求，也是深化供给侧结构性改革、实现经济高质量发展的重要途径。新发展形势下，各国组织为促进制造业的高质量发展及制造业与生产性服务业的融合制定了多项政策。本书基于公开资料，对其进行了简单梳理，具体内容见表1-1。

表1-1 主要国家（组织）制造业与生产性服务业融合政策列举

国家（组织）	年份	主要内容
美国	1990	提出现代制造基本模式为：灵活制造知识网络企业
欧盟	1998	启动FP5计划，提出"延伸型产品"
日本	2000	发布《产业复兴法案》，明确制造业和服务业融合发展
欧盟	2002	启动FP6计划，稳步推进制造业服务化
美国	2002	启动ESS项目，政府出面建立制造业服务化的基础网络
芬兰	2005	启动"创新创造"计划，发展制造业的创新营运模式
芬兰	2006	启动"创新服务"计划，促进创新服务概念和新服务营运模式发展
英国	2006	启动"复杂产品系统创新中心"，支持制造业跨部门体系研究
芬兰	2007	启动"运营概念"计划，促进芬兰企业制造业发展新运营模式
欧盟	2007	启动FP7计划，重点研究欧洲面向技术平台和新的联合技术项目所遇到的新需求
挪威	2011	创立"研究型创新中心"，以制造业服务化重整制造业
美国	2011	启动"先进制造伙伴（AMP）计划"，开发信息物理系统，重构制造业发展理念

国家（组织）	年份	主要内容
英国	2013	发布"工业2050战略"，认为科技将改变制造业生产的价值链，并强调了信息通信技术、新材料等科技在未来工业生产中的重要性
美国	2012	发布"先进制造业国家战略计划"，重点培育以高技术为特点的先进制造业发展，强调通过技术创新推动企业发展，优化产业布局，重构全球供应链
美国	2014	发布"区域创新战略"，鼓励地方政府和社区发展区域性创新生态系统，促进制造业与服务业的融合
美国	2014	启动"先进制造伙伴（AMP）计划2.0"，致力于制造业所需的中间服务
美国	2016	发布"制造业2025愿景"，设定制造业的长期发展目标，强调制造业与其他行业（如信息技术、服务业、金融等）的协作，鼓励通过技术和服务的结合来提升产品附加值和市场竞争力
德国	2013	启用"工业4.0"，使用信息化技术促进制造业的变革，将生产链条全流程信息数据化、智慧化，建立高度灵活个性化、数字化的产品与服务生产模式
德国	2016	发布"德国制造2025计划"，将数字化和智能技术更深地融合到德国制造业中，通过智能工厂、先进制造技术和数字化供应链等手段提升德国制造业的竞争力
中国	2012	党的十八大提出要推进信息化与工业化深度融合
中国	2015	发布《中国制造2025》，推动发展服务型制造业，将信息技术与制造业深度融合作为制造业发展的主线
中国	2016	发布《发展服务型制造专项行动指南》，支持企业加快服务模式、技术和管理创新，延伸和提升价值链
中国	2017	中国共产党第十九次全国代表大会《决胜全面建成小康社会夺取新时代中国特色社会主义伟大胜利》的报告指出，要加快发展先进制造业，推动互联网、大数据、人工智能和实体经济深度融合
中国	2017	发布《服务业创新发展大纲（2017—2025年）》，要求充分发挥制造业对服务业发展的基础作用，有序推动双向融合，促进有条件的制造企业由生产型向服务型转变、服务企业向制造环节延伸，发展服务型制造
中国	2017	发布《"十三五"现代服务业科技创新专项规划》，提出"推动生产性服务业向价值链高端延伸，加强电子商务新技术研发、集成与应用；加强智慧物流技术开发和应用；构建智能、绿色、高效的现代物流服务体系；发展以新兴技术为基础的现代金融服务业"等举措

续表

国家（组织）	年份	主要内容
中国	2019	发布《关于推动先进制造业和现代服务业深度融合发展的实施意见》，提出"到2025年，形成一批创新活跃、效益显著、质量卓越、带动效应突出的深度融合发展企业、平台和示范区，企业生产性服务投入逐步提高，产业生态不断完善，制造业与生产性服务业融合成为推动制造业高质量发展的重要支撑。"推动先进制造业与现代服务业相融相长、耦合共生
中国	2020	发布《关于进一步促进服务型制造发展的指导意见》，提出"到2025年，继续遴选培育一批服务型制造示范企业、平台、项目和城市，示范引领作用全面显现，服务型制造模式深入应用。培育一批掌握核心技术的应用服务提供商，服务型制造发展生态体系趋于完善，服务提升制造业创新能力和国际竞争力的作用显著增强，形成一批服务型制造跨国领先企业和产业集群，制造业在全球产业分工和价值链中的地位明显提升，服务型制造成为制造强国建设的有力支撑。"培育服务型制造发展生态体系
中国	2021	发布《中华人民共和国国民经济和社会发展第十四个五年规划和2035年远景目标纲要》，要加快推进制造强国、质量强国建设，促进先进制造业和现代服务业深度融合。

在国家的政策引导下，我国各省、直辖市、自治区根据各自产业特点，相继制定了多项发展规划，推动制造业与现代服务业深入融合。

2023年2月，北京市政府官网发布了《北京市发展和改革委员会等11部门关于北京市推动先进制造业和现代服务业深度融合发展的实施意见》。提出：将先进制造业和现代服务业深度融合作为构建现代化经济体系的重要途径，强化创新驱动、数字赋能，积极塑造多元汇聚、智能互联、开放协同的国际一流产业生态，推动产业链拓展延伸、创新链精准适配、供应链安全可靠、价值链高端跃升，为首都高质量发展提供支撑。关于重点领域提到：加快人工智能、工业互联网、5G、大数据、物联网、云计算、元宇宙等新一代信息技术在制造业、服务业的创新应用，培育一批智能经济新业态。并提出：到2025年，培育形成10家市级制造业与生产性服务业融合示范园区、100家市级制造业与生产性服务业融合试点企业，形成一批具有北京特色的制造业与生产性服务业融合新机制、新模式和新业态，规模以上制造业企业数字化、智能化转型升级基本实现全覆盖，制造业与生产性服务业融合发展水平和融合层次显著提高，进一步擦亮"北京智造""北京服务"品牌。

山西省在《关于进一步促进服务型制造发展的指导意见》中明确提出了推动山西省先进制造业和现代服务业深度融合，发展服务型制造的目标和措施。利用工业互联网等新一代信息技术赋能新制造、催生新服务，加快培育发展服务型制造新业态新模式，促进制造业提质增效和转型升级。《山西省推进服务业提质增效2024年行动计划》提出要持续推进生产性服务业向专业化和价值链高端延伸，及生活性服务业向高品质和多样化升级，构建优质高效的服务业新体系。其中，特别提到了推动制造业与服务业融合发展，支持山西省制造业企业争创国家服务型制造示范企业（平台），并推动农村一二三产业融合发展。

《福建省国民经济和社会发展第十四个五年规划和二〇三五年远景目标纲要》中，提出要建设制造业强省，推动生产性服务业向专业化、高端化发展，全面优化产业结构，加快构建现代产业体系。

《辽宁省进一步推进服务型制造发展工作方案》中提出，通过进一步推进服务型制造业发展，推动辽宁省制造业与服务业深度融合，提升制造业的核心竞争力和附加值，实现制造业的高质量发展。通过加强政策引导、培育示范企业、推动模式创新、加强人才培养和完善公共服务等措施，辽宁省的服务型制造发展取得了显著成效。涌现出了一批优秀的服务型制造示范企业和工业设计中心，这些企业在推动制造业与服务业深度融合方面发挥了重要作用。同时，随着政策的不断完善和深化，辽宁省的服务型制造发展环境日益优化，为更多企业向服务型制造转型提供了有力支持。

《河南省促进先进制造业和现代服务业深度融合实施方案》将先进制造业和现代服务业深度融合作为破解制造业"大而不强、全而不精"、长期在价值链中低端徘徊难题的重要抓手，明确了融合发展的目标、路径和措施。为了支持制造业与服务业融合发展，河南省出台了一系列支持政策，包括财政支持、税收优惠、金融支持等，为融合发展提供了有力保障，先后确定了两批制造业与生产性服务业融合试点单位，包括区域试点和企业试点，通过试点示范推动融合发展。

《湖南省"制造业与生产性服务业融合共进"行动方案（2024—2027年）》中明确了推动先进制造业与现代服务业融合发展的总体要求、发展目标、主要任务和保障措施。提出了"嵌入式""强链式""延伸式"3类融合模式（将数智化融入制造业全流程，实现传统制造向智能制造转变；创新发展服务业态，实现产品制造向"产品+服务"转变；通过拓展产业链、创新链、供应链和价值链，实现制造业与生产性服务业融合的深度拓展和广度延伸），并明确了13个重点领域的融合路径。旨在实现"湖南制造+湖南智造+湖南服务"深度耦合，推动制造业与生产性服务业共进、高质量发展。此外，湖南省还设定了具体的量化指标，如全省规模工业先进制造业增加值占制造业比重超过53%，生产性服务业占服务业比重超过45%，新增国家级智能制造标杆企业20家以上，新增国家级制造业与生产性服务业融合共进试点单位50家以上，省级制造业与生产性服务业融合共进试点单位1 000家以上，建成150个省级工业旅游基地，发布200个制造业与生产性服务业融合先进典型案例等。

第二章 国内外研究综述

产业融合的概念可以追溯到20世纪90年代末。当前，随着电子信息技术的不断发展，产业发展不断出现新形势，产业融合随之出现和发展。同时，学者们越来越关注产业融合对全要素生产率的影响。随着技术革命和产业革命的兴起，现代服务业与先进制造业的融合已成为全球产业发展的新趋势，也成为工业经济向服务经济转型的趋势，更成为产业融合的重要领域。为此，这里重点对产业融合理论、服务业与制造业间的融合发展研究情况展开述评分析。

第一节 产业融合理论与方法研究

产业融合思想最初起源于罗森伯格（Rosenberg，1963）对美国机械设备业演化的研究，他把相似的技术应用于不同产业的过程称为技术融合，即不同产业的生产过程逐渐依赖于相同的一套生产技术，使得原先独立的产业联结了起来，继而学界展开讨论。国内外学者主要从以下几个方面开展了相关研究。

一、产业融合定义和内涵的研究

最早关于产业融合定义和内涵的研究均是从技术角度展开的：赛哈尔（Sahal，1985）认为产业融合源于产业间的技术关联，某一技术范式向不同产业的扩散，促成了新技术的产生。约菲（Yoffie，1996）同样是从技术融合的角度，指出利用先进的技术对原本各自独立生产、销售的产品进行整合即为产业融合，植草益（2001）从原因和结果两个角度对产业融合这一概念做了解析：通过技术革新和放宽限制来降低行业间的壁垒，加强行业企业间的竞争合作关系。相比于国外学者，国内学者对这一领域的研究起步较晚。于刃刚（1997）观察到我国三次产业之间出现了融合的现象。厉无畏（2002）从更广泛的视野，认为产业融合是指不同产业或同一产业内的不同行业通过相互渗透、相互交叉、最终融为一体，逐步形成新产业的动态发展过程，如同不同的学科交叉会衍生出一个新的学科，这个观点后来也被很多国内学者引用。聂子龙和李浩（2003）还指出在产业融合过程中也会发生产业的退化、萎缩乃至消失的现象。

除了技术融合，相关定义更多地从产业边界演化、产业组织、产业创新等视角对产业融合的概念进行阐述（苏毅清 等，2016）。从产业边界演化的视角来看，产业融合改变了原有产业的特征、产业组织内企业的关系，使得不同产业之间的界限逐渐模糊，甚至出现了产业界限被打破并重新优化的过程（马健，2005）。基于产业组织的视角，产业融合的产生过程本质上是产业组织之间通过建立新的联系来扩大竞争范围的自组织过程（胡金星，2007），而不同产业构成要素之间在此期间同时存在着合作、竞争、演进，最后形成了新的产业类型。从产业创新视角来看，产业融合是一种传统范式的产业创新，是建立在科技发展并不断融合的基础上的新型产业革命（吴颖 等，2005）。目前，国内学者较为认可将产业融合划分为替代性融合、互补性融合和结合性融合三种类型（韩顺法 等，2009）。这些关于产业融合概念的论述虽然角度不同，但本质内容是一致的，即在高度专业化分工的基础上，最开始的技术融合的出现使不同产业的相互融合成为现实，随后产业融合的现象逐渐扩散蔓延到各个经济领域，最显著的特征是使得原有不同产业之间的界限不再牢不可破，实质是产业间分工的内部化，把社会化分工转化为企业内部分工（洪群联，2021）。

二、产业融合驱动力的研究

产业融合作为产业创新的一种新模式，是社会生产力进步与产业结构优化升级的必然趋势，因此研究产业融合产生的原因能有助于我们更全面地了解和掌握产业融合的规律。通过阅读和归纳总结国内外相关文献可以发现，众多学者的研究结论普遍认为主体利益、技术创新、市场需求和政府政策是驱动产业融合不断发展的四大因素。约菲（1996）的研究认为，产业融合来自技术进步、管理创新和政府管制放松三者的共同作用。植草益（2001）的研究明确指出，产业融合源自技术进步和政府管制的放松。

主体利益和技术创新是产业融合的内在原因。从经济发展的一般规律来说，产业发展离不开追求利润最大化和成本最小化，而产业融合减少了产业间进入壁垒，降低交易成本，从而形成持续的竞争优势，极大提升了生产效率和竞争力（陈柳钦，2007）；技术创新带来的技术融合使不同产业形成了共同的技术基础，改变了原有产业的产品或服务的技术路线，也改变了原有产业的生产成本函数，能够生产出全新的产品或提供全新的服务来满足消费者多样化的需求。

市场需求和政府政策是外在原因。如果政府在对被规制产业的各种价格、投资、服务等方面放松管控，也能够起到减少产业进入壁垒的作用，而政府采用财政、税收、法律等手段以及提供公共物品与服务都为产业融合营造了良好的外部环境（赵霞 等，2017）。

此外，经济全球化和高新技术的迅猛发展、跨产业并购、战略联盟、竞争合作的压力等也是加速产业融合的强大外部驱动力（胡金星，2007；陈柳钦，2007）。也有研究运用马克思主义经济理论，认为在满足：生产要素完全自由流动、某一产业与另外的产业资产转换成本为零且该产业的企业与其他产业的企业间存在成本弱增性这三个理想的特定条件时，它们之间必定有产业融合发生（胡永佳，2007）。

第二节 制造业与生产性服务业融合发展的研究

服务业和制造业是我国迈向现代化强国的支柱产业，在产品生产和服务提供过程中，制造业和服务业正在互相突破产业边界，制造业服务化、服务业外部化进程不断加速。自从"制造业与生产性服务业融合"这一概念提出以来，学术界围绕制造业和服务业及其深度融合进行了卓有成效的研究。服务业与制造业的融合是产业融合研究的一个重要领域。纵观现有研究，学者们多从制造业与生产性服务业融合的机制、融合水平的测度、融合水平影响因素、产业融合效应及融合路径等方面进行探讨。

一、制造业与生产性服务业关系的研究

根据制造业和生产性服务业关系的发展规律，国外学者将两者的演化规律分成四个阶段，分别是需求遵从论、供给主导论、互动论和融合论。

（一）需求遵从论

需求遵从论的主要观点指出，制造业在两大产业的关系中占据主导地位，生产性服务业发展依靠的是制造业的需求释放。科恩（Cohn，1987）认为制造业是生产性服务业的需求来源，生产性服务业是制造业的补充；格列里埃里（Guerrier，2005）认为，生产性服务业是制造业生产环节的外置优化，制造业的综合实力高低决定了生产性服务业的竞争力。齐斯曼（Zysman，1987）认为制造业是生产性服务业销售配套服务的主要需求部门，如果制造业的规模没有不断壮大，生产性服务业的市场需求就很有限。

（二）供给主导论

供给主导论认为生产性服务业投入到制造业的生产环节能够提高制造业

的生产效率，实现产品增值。供给主导论更加强调生产性服务业中服务要素对制造业发展的推动作用。里德尔（Riddle，1986）提出生产性服务业为经济交易提供了运输条件和平台支撑，为制造业部门扩大生产提供便利，推动了制造业不断发展；马库森（Markusen，1989）指出，生产性服务业的不断发展带来了制造业的规模报酬递增现象；科菲（Coffey，2000）认为，生产性服务业的中间品和服务投入制造业的生产环节，实现了制造业产品的价值增值。

（三）互动论

互动论的主要观点指出，制造业与生产性服务业之间的关系是相互作用、共同发展的互动关系。帕克（Park，1989）指出制造业的不断发展，对生产性服务业的合作需求也随之增加，在促进了生产性服务业发展的同时，也会进一步倒逼制造业完成转型升级。

（四）融合论

融合论的主要观点指出，两大产业融合是各自产业链条的科学延伸。从融合的方式上看，制造业与生产性服务业之间存在共同发展的互动关系（Guerrieri & Meliciani，2005）和边界逐渐模糊的趋势（Tien，2011）。制造业的发展促进了生产性服务业的发展（Cohen & Zysman，1987），而制造业行业细分的结果是对生产性服务需求与功能的多样化。埃斯瓦瑞和科特瓦尔（Eswaran & Kotwal，2002）认为，生产性服务业通过两种方式促进制造业与生产性服务业融合，一是吸引制造业寻求专业化和多样化的服务；二是帮助制造业降低中间投入的成本。詹姆斯（Tien，2011）指出，随着产业的关联度不断提升，企业对效益最大化的需求导致两大产业的相关要素重新整合，制造业与生产性服务业的边界逐渐模糊。

二、制造业与生产性服务业融合的研究

学者们多从价值链融合和空间集聚融合两方面对制造业与生产性服务业融合展开研究。

第一，服务业与制造业价值链融合方面。伦德瓦尔和波拉斯（Lundvall & Borras，2002）认为生产性服务业从制造业剥离出来之后，因为发展需求将再次融入制造业中，从而出现制造业、服务业在组织上不断剥离，但在业务上深度融合的发展新趋势；并指出制造业与生产性服务业融合是两者发展的最高关系表现形式。杨仁发和刘纯彬（2011）将生产性服务业和制造业的关系归纳为分立、共生互动、融合三个阶段，并指出生产性服务业与制造业价值链环节上活动的相互扩张、渗透和重组，反映了制造业与生产性服务业的融合和演变，其本质上是由技术推动的。贺正楚（2015）对我国服务业和制造业实际融合的研究表明，在很大程度上，制造业和服务业表现出不断融合的态势，而且融合趋势是显著的。

第二，服务业与制造业空间集聚融合方面。安德森理论认为，制造业的空间分布将制约生产性服务业的空间布局，同时生产性服务业的空间布局也将影响城市工业的布局，在空间位置上，生产性服务业和制造业之间产生了协同定位效应。刘志彪（2006）的研究对这一协同的机制进行了补充，认为服务业通过城市的聚集带来了益处，不仅降低了交易成本、增加了附加值，而且优化了发展环境，促进了制造业进一步发展。高煜等（2008）的研究指出，生产性服务业与制造业融合的一个重要体现，就是生产性服务业集聚发展，以及在融合的空间内发展制造业集群。在空间集聚上的融合，表现在服务业向中心集聚，制造业逐渐向外围迁移（陈菁菁，2016）。

第三，也有部分学者针对服务业和制造业融合发展提出了自己的观点。郭朝先（2019）指出先进制造业和现代服务业融合发展有三条实现途径，第一是先进制造业服务化，第二是现代服务业向制造业拓展延伸，第三是双向深度融合，最终形成以平台企业为主导的新产业生态系统。洪群联（2021）

指出先进制造业和现代服务业融合是通过技术进步、市场开放和制度创新等途径，打破原有产业边界、促进产业交叉融合、育成新业态新模式。梁经伟和刘尧飞（2021）认为生产性服务业作为制造业价值链条的重要组成部分，两者之间的融合发展是大势所趋，而全球价值链分工为生产性服务业嵌入制造业创造机遇，为推动产业高质量发展提供了动力。

三、制造业与生产性服务业融合测度的研究

由于在制造业升级过程当中，制造业与生产性服务业的融合已经成为必经之路，那么对其究竟采用何种指标和方法来进行测度，越来越成为学术界关注的重点。当前测度的方法主要有技术系数法、投入产出法、灰色关联度法、计量经济法以及耦合协调度模型等。

（一）技术系数法

技术系数法主要指的是相关系数法、赫芬达尔指数和熵指数法等。甘巴德拉（Gambardella，1998）通过整合产业内各行业的专利资料，测算出了电子信息产业的技术融合程度。以X_i表示各行业的专利个数，X表示电子信息产业的技术专利个数，引入赫希曼指数（HHI）$HHI=\sum(X/X_i)^2$来表示融合度，计算所得到的HHI越大，则技术融合程度越低。单元媛和罗威（2013）以制造业与电子信息业技术融合为例，利用专利系数法对制造业与电子信息业技术融合进行了测算。赵彦云（2012）通过计算生产性服务业在制造业中的消耗率和投入率衡量了两大产业的融合程度。

（二）投入产出法

投入产出法是综合分析经济活动中投入与产出数量依存关系的经济数学模型，主要由投入产出表和根据投入产出表平衡关系建立起来的数学方程组

两部分构成，尤其有利于考察国民经济各部门生产和消耗数量之间的关系。投入产出法在测度制造业与生产性服务业融合水平时，通过构建投入产出模型来反映制造业与生产性服务业之间的相互影响，这种方法所使用的数据在统计上连续并且较为可靠，但投入产出表5年更新一次，存在时间滞后性和数据不可获得性等问题。胡晓鹏（2009）使用投入产出表，动态比较了苏、浙、沪的两大产业共生关系。陈晓华和刘慧（2016）基于投入产出法，通过对安特拉斯提出的模型进行修正，利用1997—2011年的数据重新测度了生产性服务业嵌入制造业不同生产环节的偏好，并研究其影响制造业升级的具体方式和效果。蔡群起和龚敏（2016）也使用投入产出法对40个不同国家生产性服务业的发展过程及特点进行归纳，力求找到其在发展过程当中的一般规律，并分析我国目前存在的不足以及弥补与其他国家差距的方法。方来等（2016）则以甘肃省为例，从制造业对生产性服务业的中间需求角度进行切入，运用投入产出模型来分析两者之间存在的关联效应。彭徽和匡贤明（2019）则从国别层面来进行考虑，利用世界投入产出表当中发布的投入产出数据，分别构建了三大类测度指标，并对比了三种指标的优缺点，最终以融合互动度作为衡量标准。实证结果表明，生产性服务业对制造业贡献越多，越有利于产业升级。国别层面的异质性分析结果则发现，就我国而言，虽然制造业与生产性服务业融合发展已经成为不可逆转的历史大势，但我国制造业与生产性服务业融合的程度与发达国家相比明显偏低，且存在一定的滞后性，不同生产性服务业部门对制造业需求的拉动作用也不均衡。张杰和闫新宇（2022）得出随着服务业扩大开放不断深入，北京的融合度显著提升，高技术生产性服务业向制造业主动融合的能力也得到提升的结论。

（三）灰色关联度分析法

灰色关联度分析法是将因素之间发展趋势的相似或相异程度，即"灰色关联度"作为衡量因素间关联程度的一种方法。对于两个系统之间的因素，其随时间或不同对象而变化的关联性大小的量度，称为关联度。在系统发展过程中，若两个因素变化的趋势具有一致性，即同步变化程度较高，则两者关联程度较高；反之，则较低。将灰色关联度法应用于产业融合分析，可以通过确定生产性服务业的发展指标和制造业的发展指标，来计算它们之间的灰色关联度，从而揭示产业之间的融合程度和相互影响。唐晓华等（2018）通过实证研究表明两产业间耦合协调度由初始的失调衰退阶段逐步发展至良好协调阶段，各区域耦合协调度具有明显的"梯度化"特征，呈现由西向东逐渐增强的分布状态。孙正等（2021）运用灰色GM（1，N）模型进行测算，结果表明高端生产性服务业对制造业发展的影响日益加大，形成比较强的协同融合发展趋势。周茜（2022）引入最优向量规划和最劣方案向量，并结合灰色关联理论确定子系统间的拉动因子，度量子系统实际发展水平与理想发展水平间的距离，从而测算制造业与生产性服务业融合水平。计算发现，当前中国制造业与生产性服务业融合总体水平不高，但呈上升趋势，从区域层面看，融合水平呈"东—中—西"依次递减态势。张健和李沛（2016）基于灰色关联度模型研究京津地区服务业与制造业、农业的融合度，得出产业融合度逐步上升并且能够促进地区经济转型的结论。

（四）计量经济方法

计量经济方法主要是通过计量模型来进行测算和分析。首先提出制造业与生产性服务业融合程度的测算指标，然后基于该指标来检验制造业与生产性服务业融合的内在驱动因素以及融合的最终效果。如陈松青和周琴（2018）首先构造出FS指标来衡量在特定地区生产性服务业与制造业的集中程度哪一个更高，然后在此基础上构造FG指标度量两种产业的协同发展态势，最后使用多元回归方法实证检验这种协同对经济增长（文中使用GDP来衡量）的影响。魏艳秋和高寿华（2017）则以浙江省为例，通过构建以两种产业为变量的自回归模型，运用脉冲响应以及分解方差等方法来实证分析生产性服务业与制造业关系的动态变化。路丽和陈玉玲（2021）则在前人研究的基础上，创造性地提出了"E-G共同集聚指数"并以此来测度两种产业之间的协同集聚水平。她们分别对我国30个省份中两种产业协同发展的水平进行计算，并分析了协同发展的动因，研究发现，总体上来看，当前我国不同地区的制造业与生产性服务业协同水平虽然不断提升，但各地区之间的协同发展依旧存在不平衡不充分的问题。程俊杰（2021）围绕长江经济带布局国内价值链，从产业集群构建长江经济带产业融合发展机制角度出发，测算了长江经济带制造业与生产性服务业耦合程度。高智和鲁志国（2019）研究得出生产性服务业与制造业融合的区域特征，虽然两者融合趋势较明显，但是总体融合发展水平不高，区域差异表现出自东向西递减的阶梯式特点。

（五）耦合协调度模型

耦合协调度模型是一种用于评估两个或多个系统之间协调发展水平的工具。它基于系统论的思想，将制造业和生产性服务业视为两个相互关联、相互影响的子系统，通过构建综合评价指标体系，计算两者间的耦合度和协调度，从而揭示它们之间的协调发展状况。近年来，耦合协调度模型在制造业和生产性服务业融合研究中确实得到了广泛的应用。傅为忠（2017）使用主成分分析法和耦合评价模型测算我国制造业与生产性服务业融合水平。苏永伟（2020）借鉴了学者们对产业耦合的研究，构建了产业融合度测度模型，考察结果表明全国31个省份的生产性服务业与制造业的融合水平均有不同程度的提高，但各省份之间融合水平差异较大。

夏伦（2021）从发展速度、发展规模、产业结构、空间集聚四个维度构建制造业与生产性服务业融合指标体系，使用耦合评价模型测算制造业与生产性服务业融合水平，讨论了产业融合对制造业转型升级的影响。王欢芳（2023）基于耦合协调理论，从规模、效益、结构、潜力、环境约束五个层面构建指标体系，测度了两大产业的融合水平。傅为忠（2017）等通过建立耦联评价模型对2006—2015年我国高技术服务业与装备制造业的产业融合度进行测度，结果表明制造业与生产性服务业融合发展情况良好，且呈现上升趋势。刘佳和蔡盼心（2020）根据耦合度模型计算江粤两省服务业与制造业的耦合度，进而评价区域制造业的竞争力。

以上各种指标均各自有其不同的优点和弊端，但目前学术界仍没有较为统一的标准来界定采用何种方式准确地描述制造业与生产性服务业的融合程度。

四、制造业与生产性服务业融合影响因素的研究

学者对制造业与生产性服务业融合发展的影响因素主要集中于技术创新、知识溢出、市场规模、政府干预以及对外开放程度等。王晓红（2013）通过剖析美国、日本等发达国家的制造业与生产性服务业融合影响因素，提出制造业与生产性服务业的融合受到税收激励、财政支持、管制和垄断、人力资本、金融支持等因素的影响。綦良群（2013）指出制造业与生产性服务业融合的影响因素包括人力资本、技术水平、经济基础等因素的影响。潘志，李飞（2014）认为财税政策、金融政策、技术创新等促进了制造业与生产性服务业融合发展水平。綦良群，李庆雪（2017）研究发现，制造业与生产性服务业融合受到的经济因素影响包括技术创新能力、行业竞争、市场需求与管理能力等。王欢芳等（2023）使用灰色关联度法，拟选了影响两大产业融合的影响因素，研究发现规模因素和薪酬因素制约了两大产业融合发展。

随着数字化经济的发展，有少量学者围绕数字经济对制造业与生产性服务业融合发展展开研究。董驰等（2023）发现数字经济可通过"产业数字化"和"数字产业化"的双轮联合驱动模式，突破当前生产性服务业与制造业发展存在的困境，进一步加快生产性服务业与制造业向数字化、智能化、高端化方向转型升级，从而推动生产性服务业和制造业的融合。曾世宏等（2023）

构建了数字技术影响制造业与生产性服务业融合的理论模型，通过2005—2020年我国30个省份的面板数据对研究假说进行了实证检验。结果表明，数字技术能够显著促进制造业与生产性服务业融合发展，相较于成长期，数字技术在导入期对制造业与生产性服务业融合的影响效应更显著，底层数字技术的促进作用较智能化制造技术而言更强，并且数字技术在长江经济带和南方地区的促进效应更明显。钞小静和元茹静（2023）基于技术融合、业务融合与市场融合的分析框架，整理2007—2020年中国上市公司和地级市匹配数据，对中国282个地级市制造业与服务业的融合发展水平进行测算，并对数字技术影响制造业与服务业融合发展的因果效应及作用机理进行经验识别。研究发现：数字技术主要是通过提升技术创新、增强通用性资产投资、打破地理空间局限来推动制造业与服务业的融合发展。

五、制造业与生产性服务业融合的效应研究

国外学者关于产业融合效应的研究较为微观，多集中于企业战略层面，如研究了产业融合对不同产业背景企业创新活动的影响，并指出已知积累性发展技术的融合会带来突破性创新。除此之外，布罗林和莱克（Broring & Leker，2007）指出，产业融合可降低企业生产成本，提高生产效率，原因在于模糊的产业边界和越来越多的研究会提高生产部门的技术水平。洛德法尔克（Lodefalk，2014）研究发现，制造业企业的服务投入强度可能会影响它们的生产力，从而影响它们的国际竞争力。

国内学者着力探讨了产业融合的生产率效应、产业结构升级效应、经济高质量发展效应。

第一，产业融合可以促进劳动生产率的提升。汪德华、江静（2010）等则基于城市和地区视角，将北京市与长三角地区进行对比，计量结果表明，这些地区中，生产性服务业的发展都会在不同程度上促进劳动生产率的提升。

夏斐和肖宇（2020）基于劳动生产率的视角，利用WIOD数据首先测算了我国及其他OECD国家制造业与生产性服务业融合的程度，并重点就我国和美国融合程度之间的差异进行对比，同时基于跨国面板数据分析制造业与生产性服务业融合程度的高低对劳动生产率的影响。研究结果指出：两种产业的融合程度越高，越有利于各国劳动生产率的提升，但中美之间两种产业的融合度有较大差距，我国的产业融合程度明显偏低，应进一步支持生产性服务业不断发展壮大并与制造业实现更深层次的互动融合。

第二，产业融合是制造业产业结构升级的重要途径。陈文鹤和韩明华（2015）通过VAR模型进行实证分析，结果表明目前浙江制造业与生产性服务业已经出现了相互融合发展的趋势，但融合水平偏低，并表示促进生产性服务业与制造业的融合发展成为浙江改变粗放型经济的发展方式和实现产业结构升级的重要途径。唐晓华等（2018）认为服务业与制造业的融合发展是制造业结构调整和转型升级的主要动力。韩民春、袁瀚坤（2020）基于跨国面板数据，探究不同国家间制造业与生产性服务业融合对于制造业升级影响的差异性；研究发现制造业与生产性服务业的融合能够显著地促进制造业升级，而在发达经济体当中，这一促进效果更加明显；分不同类型生产性服务业来看，金融和通信业与制造业的互动融合越深入，越能够更加有力地促进制造业升级。田晓煜等（2021）运用实证分析法发现，制造业与高技术服务业融合有利于推动制造业结构向高级形态转变；创新能力和人力资本水平均能增强制造业与高技术服务业融合对制造业结构高级化的积极影响。

第三，产业融合是经济高质量发展的重要动力。夏伦（2021）研究发现整体上制造业与生产性服务业融合程度呈现上升趋势，东部地区处于领先，并谈到加快现代服务业和先进制造业的深度融合成为促进制造业转型升级的重要手段，对我国经济高质量发展具有重要意义。于洋和杨明月（2021）也指出生产性服务业与制造业两者走融合发展之路，是适应数字时代的经济规律，推动制造业高质量发展的关键。李蕾等（2022）基于2005—2019年的省级面板数据，构建计量经济模型分析制造业产业内升级对经济高质量增长的影响，并通过调节效应模型考察产业融合对制造业产业内升级影响经济高质量增长的调节效应。研究发现，制造业产业内升级能够促进经济高质量增长，产业融合对该作用的发挥具有显著的正向调节效应，而且先进制造业与现代服务业融合的调节效应强于制造业与服务业融合的调节效应。吴敬伟等（2021）以夜间灯光数据表征经济增长，利用空间计量模型实证分析了产业融合对地区经济增长的影响和空间溢出效应，结果表明：产业融合对本地区和相邻地区的经济增长产生了显著的U型影响，产业融合初期可能存在"服务化困境"，随着产业融合深化，将促进地区经济增长。

已有关于中国制造业与生产性服务业融合的测度研究主要存在两点不足：第一，较少将先进制造业与生产性服务业从传统制造业与传统服务业中同时剥离出来进行研究，多聚焦于制造业与生产性服务业的单向关系研究，缺少对于制造业与生产性服务业融合的内在机理探讨。第二，多关注静态的产业间融合，而忽视产业融合的动态演进和变化。产业融合并不是一个状态，而是一个持续的过程。先进制造业与生产性服务业的关系也不是一成不变的，而是呈现动态的发展变化。尤其是当产业急剧发展时，测度融合的动态变化有重要的实际意义。

六、制造业与生产性服务业融合路径的研究

新时期我国制造业与生产性服务业融合的文献主要围绕要素结构提升、价值链重组、制造效能提升、拓展服务技术以及产业集聚等展开。植草益（2001）指出，地区通过降低行业间壁垒以及推动企业间的竞争合作，能够促进制造业与生产性服务业融合发展。尹洪涛（2015）指出，制造业与生产性服务业融合，传统路径包括研发设计和市场营销，新兴路径包括信息技术和融资租赁等。刘纯彬和杨仁发（2011）指出，制造业与生产性服务业融合是

通过价值链的分解与重构实现的。宣烨和余泳泽（2014）认为，生产性服务业集聚对两大产业融合具有明显的提升作用，且具有外溢效应。孙正（2021）识别了制造业与生产性服务业融合的路径，认为环境规制能够推动制造业靠近环保配套服务良好的地区，形成制造业集聚，从而促进两大产业融合发展。杨仁发和刘璇（2022）认为，生产性服务业将人力、知识和技术导入制造业的生产过程中，通过整合生产要素、重组价值链从而提高最终产出的增加值，推动两大产业融合发展。

第三章 相关概念界定及理论基础

第一节 相关概念界定

一、生产性服务业

美国经济学家格菲尔德林（Greenfield，1966）最早在研究服务业分类时提出生产性服务业的概念，指出生产性服务业是工业制造业发展到一定阶段后，从制造业内部分离、独立而发展起来的新兴服务业。在他之后，学者们从不同的角度对生产性服务业的概念进行了完善和补充，勃朗宁和辛格曼（Browning & Singelman，1975）在其研究中指出生产性服务业包括法律、金融、研究开发等提供定制化服务的行业。汉森（Hansen，1990）认为生产性服务业在产品生产过程中起到重要的"黏合剂"作用，并在整个价值创造过程中占据重要位置。格鲁布尔和沃克（Grubel & Wailer，1989）认为生产性服务业是从制造业中内生出来的新兴产业，是作为中间投入用于商品和服务进一步生产的非最终消费性产业。李宁和韦颜秋（2016）指出生产性服务业又称为中间投入服务业，介于生产和消费之间，并从制造业中剥离演进而来。刘志彪（2018）将生产性服务业解释为作为独立的生产部门来支撑制造业发展的行业。总体上，学者们认为生产性服务业具备几个特点：①生产性服务业为生产者而非消费者提供产品，因此具有生产性；②所提供的产品是"中间产品"，因此具有非物质性和中间投入性；③生产性服务业所投入的生产要素具有知识密集性、要素密集性、技术创新性以及专业化的特点。

生产性服务业是生产和消费过程的中间环节，这一环节是从生产企业的服务部门中分离出来的，是独立地演变出来的，其服务对象不是最终用途的消费者，而是生产效率的提高和生产过程的连续性（韩同银和李宁，2017）。其本质是推动制造业的生产，使制造环节更加专业化、分工更加精细，从而在制造业的升级过程中，内部服务活动如研发设计、物流、融资等环节得以实现外包，并在此背景下发展壮大，为制造业提供更为专业、高质量的服务，进而促进制造业技术创新和产业升级。因此，生产性服务业是为制造业生产活动提供保障服务的行业，是生产活动上下游的延伸，是生产活动高效进行、产业链分工完善的重要保证。

生产性服务业产业类型的划分，受地区经济发展状况、行业内部成熟程度乃至国家政策等方面的影响。国外学者将中间需求占投入60%以上的企业划分为生产性服务业，而中国学者将这一占比降低到了50%。格鲁布尔和沃克（1989）认为生产性服务业提供的是劳动和服务，因此应涉及交通运输、仓储、通信、金融会计、广告等。国内外学者对生产性服务业所包含的行业划分尚未形成统一标准。根据前人及政府等方面的研究成果及分类标准，本书总结了生产性服务业沿用比较广泛的几种分类标准，见表3-1。

表3-1　生产性服务业的分类标准

来源	内容
李佳洺等（2014）	金融业、信息服务业、科研技术服务业、房地产业、商务服务业
唐晓华等（2018）	交通运输业、仓储和邮政业；信息传输、计算机服务和软件业；批发零售业；金融业；租赁和商业生产性服务业；科学研究、技术生产性服务业
刘奕等（2017）	交通运输业、仓储和邮政业；信息传输、计算机服务和软件业；金融业；租赁和商业生产性服务业；科学研究、技术服务和地质勘查业
李平等（2017）	交通运输业、仓储和邮政业；信息传输、计算机服务和软件业；批发零售业；金融业；租赁和商业生产性服务业；科学研究、技术生产性服务业；水利环境和公共设施管理

续表

来源	内容
北京市统计局（2009）	流通服务、信息服务、金融服务、商务服务、科技服务
上海市统计局（2013）	农业服务、制造维修服务、建筑工程服务、环保服务、物流服务、信息服务、批发服务、金融服务、租赁服务、商务服务、科技服务、教育服务
《国务院关于加快发展生产性服务业促进产业结构调整升级的指导意见》（2015）	研发设计与其他技术服务、货物运输仓储和邮政快递服务、信息服务、金融服务、节能与环保服务、租赁和商务服务、人力资源管理与培训服务、批发经纪代理服务、生产性支持服务
《生产性服务业统计分类（2019）》	研发设计与其他技术服务、货物运输、通用航空生产、仓储和邮政快递服务、信息服务、金融服务、节能与环保服务、生产性租赁服务、商务服务、人力资源管理与职业教育培训服务、批发经纪代理服务、生产性支持服务

本书根据《国民经济行业分类》（GB/T4754—2017）和《生产性服务业统计分类（2019）》，对照统计年鉴划分标准并基于数据可获得性，选取：交通运输、仓储和邮政服务业（53-60G），信息传输、软件和信息技术服务业（63-65J），金融业（66-69J），租赁和商务服务业（71-72L），科学研究和技术服务（73-75M）共五大类作为生产性服务业（见表3-2）。

表3-2　生产性服务业分类及行业代码

代码	行业名称	代码	行业名称
53-60G	交通运输、仓储和邮政服务业	71-72L	租赁和商务服务业
63-65I	信息传输、软件和信息技术服务业	73-75M	科学研究和技术服务
66-69J	金融业		

二、制造业

制造业一般是指将制造资源按照市场的需求，通过制造过程生产出具有使用价值和价值增值的生产资料、生活品及消费品的各行业总称。制造业作为第二产业，具有产业关联度高的特点，可以带动相关产业的发展，是国民经济的重要组成部分，也是构成第二产业的主体部分，其水平的强弱直接体现了一个国家的生产力水平。根据2017年国民经济行业分类，制造业包括工业部门中除"采矿业""电力、热力、天然气及水的生产和供应业"外的所有行业。

对于制造业细分行业的划分，可以按不同角度对其进行分类。按行业在价值链中所处位置可分为低端制造业、中端制造业和高端制造业；按照技术强度对制造业技术水平进行划分，可将制造业分为低技术、中技术、中高技术和高技术四个层次；按照加工深度和程序来区分，可分为直接对原材料加工的原材料工业和加工工业；按照要素密集度可以分为资本密集型制造业、劳动密集型制造业和技术密集型制造业。也有从能源消耗、生产流程和发展趋势等多角度进行划分的。针对产业协同集聚的研究又可以按传统制造业和先进制造业进行区分。

本书所使用数据为2012—2021年，所以根据《国民经济行业分类》（GB/T4754—2017），将二位数代码C13~C43区间内的31个行业界定为本书研究的制造业范围。在研究中将31个制造业视为一个整体进行分析，具体包括行业范围见表3-3。

表3-3　制造业分类及行业代码

代码	行业名称	代码	行业名称
C1	农副食品加工业	C4	烟草制品业
C2	食品制造业	C5	纺织业
C3	酒、饮料和精制茶制造业	C6	纺织服装、服饰业

代码	行业名称	代码	行业名称
C7	皮革、毛皮、羽毛及其制品和制鞋业	C20	有色金属冶炼和压延加工业
C8	木材加工和木、竹、藤、棕、草制品业	C21	金属制品业
C9	家具制造业	C22	通用设备制造业
C10	造纸和纸制品业	C23	专用设备制造业
C11	印刷和记录媒介复制业	C24	汽车制造业
C12	文教、工美、体育和娱乐用品制造业	C25	铁路、船舶、航空航天和其他运输设备制造业
C13	石油、煤炭及其他燃料加工业	C26	电气机械和器材制造业
C14	化学原料和化学制品制造业	C27	计算机、通信和其他电子设备制造业
C15	医药制造业	C28	仪器仪表制造业
C16	化学纤维制造业	C29	其他制造业
C17	橡胶和塑料制品业	C30	废弃资源综合利用业
C18	非金属矿物制品业	C31	金属制品、机械和设备修理业
C19	黑色金属冶炼和压延加工业		

三、产业融合

产业融合的概念最早是由美国学者罗森伯格（Rosenberg）所提出的，他认为产业融合的核心是技术发展，即不同产业之间共享技术知识的过程。之后，众多学者从不同视角对产业融合进行了定义与讨论，但并未有统一观点。从狭义角度来说，产业融合是更倾向于数字融合的信息传输业融合的经济现象。约菲（1996）提出原本不相关的产品在应用信息技术后重新组合的过程称为产业融合。植草益（2001）揭示了产业融合的原因，认为在技术革新和管制放松的影响下，产业融合消除了不同行业间的障碍，并巩固了企业之间的关系。从广义角度来看，产业演化是产业融合的基础。在科技创新和政策放松的影响下，产业边界逐渐模糊及融合，产业间关系也随着产品特点和产业环境不断变化。马健（2002）认为在科技创新和政策放松的影响下，产业边界处产生了融合，在这个过程中产业环境的变化导致产业间关系发生重大转换，进而重新界定产业边界。

产业融合一般按照技术融合、业务融合、市场融合三个层次依次推进，分别从供给和需求两个角度逐步融合。技术融合是产业融合的最直接条件，它推动了技术革新，不仅更新了原有的生产技术路线，也推动了生产要素的流动和产品性质的改变，拓展了业务范围，由此引发了产业间的业务融合。

业务融合是整个产业融合的关键环节。先进服务及技术与传统业务的渗透与融合，极大地提高了传统业务的生产与服务效率，改善了产业的生产与交易方式，从而降低了产品与服务的单位成本和交易成本。由于通过技术与业务的融合获得了质量更高、内容更丰富的产品或服务，因而产业可以依靠产品或服务的创新和差别化，来提高产品或服务的相对价格。产业市场结构依靠技术创新和不断丰富的业务融合实现优化。

在技术融合和业务融合的作用下，企业创造出丰富的业务、产品和服务，并形成新的产业和融合性产品，完成产业的最终融合。

制造业和生产性服务业的融合首次出现在《国民经济和社会发展第十二个五年规划纲要》中，提出"促进生产性服务业与先进制造业融合，推动生产性服务业加速发展"。本书借鉴相关学者的研究，认为制造业与生产性服务业融合是指制造业与生产性服务业之间的产业价值链分解再重组的过程，其主要是通过技术融合、产品融合、企业融合和市场融合等方式实现新业态、新模式、新路径的耦合共生，并在数字技术革命、产业转型和消费升级的条件下，深化业务连接、延伸产业链和技术渗透。当前，借助云计算、大数据、区块链等数字技术，我国制造业企业在技术研发和市场开拓等方面积极拓展，现代服务业也依托数据等方面的优势不断向制造业渗透，制造业与生产性服务业融合呈上升趋势。

第二节　产业融合的相关理论

一、产业价值链理论

（一）价值链理论

哈佛大学教授迈克尔·波特在其《竞争优势》一书中最先提出了价值链的概念，并指出企业的生产、市场和销售、进料后勤、发货后勤、售后服务等基本性活动和采购、研究与开发、人力资源管理、财务计划、企业制度管理等辅助性活动共同构成了企业价值创造的动态过程，这两种互不相同却又互相关联的活动集合形成了企业的价值链。价值链一般在三个层面上存在，分别是上下游关联的企业之间的产业价值链、企业内部各业务单元间的联系构成的企业价值链、企业内部各业务单元间的运营作业链。价值链上的经济活动都不是孤立存在的，比如辅助性活动虽然不直接参与产品的生产或服务的提供，但为基本活动的顺利进行提供了必要的支持和保障，能够影响基本性活动的绩效和价值创造。价值链构成了企业的生命链，价值链上的每项价值创造活动都决定了企业的最终价值。

（二）产业价值链理论

产业链是各个产业部门之间基于一定的技术经济关联，并依据特定的逻辑关系和时空布局关系客观形成的链条式关联关系形态。产业链是建立在合作及社会分工基础上的，在从原材料生产到为消费者提供最终产品或者服务的过程中，不断地进行价值创造活动，最终形成产业间的一系列价值链条关系。产业链包括了原材料供应、产品转化、流通和消费四个环节，其反映了产业链条上构成上下游关系的不同产业或企业在供给和需求方面的协同发展。

产业链条越长、越完整，抵御风险的能力就越强。完整的产业链包含了产业中的研发、生产、销售、物流和辅助服务等活动。

随着产业内部分工的纵深发展，传统产业内部不同类型的价值创造活动逐步由多个企业承担，并相互形成上下游关系，共同创造价值。以某种需求或产品生产及相关服务所涉及的一系列互为基础、相互依存的上下游链条关系就构成了产业价值链。产业价值链的主要关系一般是指自上而下的垂直关系，一般指产业上、中、下游各个环节上所有的价值创造活动；而并行的横向产业价值链则反映产业或产品的配套关系。产业价值链的形成有利于向上、向下、横向的价值链延伸，形成集群效应，展现相关产品或服务的竞争优势；同时还能形成链式效应。即某些企业在多个产业价值链中，都是不可缺少的环节，起到了推动技术进步和促进专业分工协作的作用。

根据产业链上形成的附加值差异的不同，可以将产业价值链分成左、中、右三部分，并依据其价值变化形态，形成"产业价值链微笑曲线"：左段为技术、专利、研发等高技术产业，中段为组装、制造等中低技术产业，右段为品牌、服务等高附加值行业；而曲线代表的是获利，左右两段是获利高位，中段是获利低位。如果要增加企业的盈利，或者提升产业价值链，需要往左右两端迈进。如图3-1所示。

（三）制造业与生产性服务业融合发展

制造业和生产性服务业的融合发展在社会经济和技术的发展及其全球化进程不断加快的环境下有着必然的趋势，从价值链的角度来看，制造业和生产性服务业的融合过程也非常具有价值逻辑。在制造业与服务业发展的初期，两个产业的产业链并没有交集，价值创造的过程也是相互独立的，但由于经济社会的发展和技术水平的提高，制造业面临越来越激烈的市场竞争，简单粗放的生产经营方式难以满足生产效率的大幅提升，另一方面也无力摆脱产品同质化所带来的市场开拓困境，于是倒逼制造业企业必须提高对高附加值

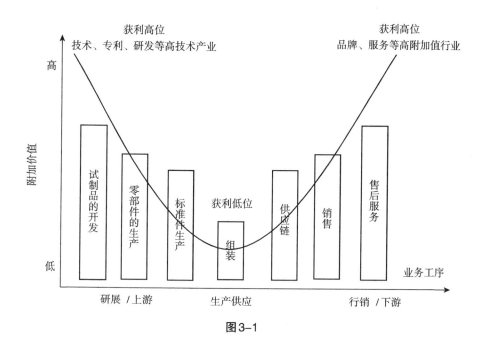

图3-1

的辅助性生产环节的重视程度，但受制于有限的人力、物力和技术能力，制造业逐步转向生产性服务业进行采购，于是生产性服务业就以外包的形式嵌入制造业的产业链条当中。生产性服务业在获得了制造业庞大的外包服务需求的情况下，在向制造业提供中间性生产服务的过程中串联起了生产性服务业的一系列基本性活动和辅助性活动，形成了与制造业有关的价值链，也收获了来自制造业的服务报酬，并借此实现了自身的发展壮大。与此同时，生产性服务业的引入帮助制造业更好地承接了原有的部分辅助性活动，制造业可以更加专注于能够体现其核心优势的基本性活动，优化了其原有的价值链体系，进一步提升了制造业的产品竞争力。在这个阶段，制造业和生产性服务业的价值链已经出现了交叉互换和重新整合。随后，制造业所需外包服务的种类和规模不断扩张，生产性服务业出于自身发展的需要，在市场竞争的催化下加速了生产性服务业的创新水平、技术进步和人才招揽，赋能生产性服务业向制造业提供更多的高附加值、高技术含量、高知识密集、高人力资本投入等高端生产要素,进而制造业的生产效率不断加快,产品价值不断提升,产业发展不断升级。在此过程中,制造业的资本投入渗透到生产性服务业的价值链链条中,通过大量的资本投入帮助生产性服务业完善研发、设计、人才培养等一系列生产性服务活动;而生产性服务业的价值链条中产生的成果又被应用到制造业的价值创造中,成为制造业价值链条的一部分。制造业和生产性服务业的价值链交织在一起,不断地分解和重构。当两者之间相互渗透,融合越来越频繁的时候,就会出现价值链重组,这也是制造业与生产性服务业融合发展的重要路径。

二、社会分工理论

(一) 社会分工理论

分工是推动经济社会发展的必然前提,分工既包括社会范围内的分工,也包括行业内部和企业内部的分工,甚至还包括群体和地域的分工等。无论分工如何划分,都能够促进生产力的提升,实现社会财富的积累,这是古典经济学分工理论与新兴古典经济学分工理论达成的共识。以亚当·斯密为代表的古典经济学家们认为,社会分工带来的生产专业化导致的必然结果是技术进步和创新,分工环境下,最大限度发挥了人力资本的价值,是经济增长、效率提高的动力和源泉,而进一步的分工则需依靠市场范围的扩大。社会分工不但是经济增长的原因同时也是结果,这个因果累积的过程体现了报酬递增的机制。因此,专业化和分工是经济增长的出发点,以分工水平来解释和比较不同生产模式的效率,以及分工能提高生产效率是令人信服的。一个国家产业发展的水平及产出效率与其行业分工的完备程度紧密相关,相互促进,互为因果。企业内部的劳动分工使得生产流程得以优化,产生新的职能部门和生产环节;企业间的劳动分工则表现为,由独立的专业化企业来承担生产过程的某一环节,提供专门的产品及配套服务,生产性服务业的产生便是企业间分工深化的结果。

分工程度往往受市场规模的限制，随着经济发展对于专业性部门需求的增加，产业分工不断细化和深化，服务业特别是生产性服务业在经济发展中的作用凸显。除提升本部门的产出能力之外，能否在相关的产业部门之间建立起有效的互动联系，成为促进经济效率提升的另一途径，生产性服务业则承担了此项功能。里德尔（Riddle，1986）以交互经济模型阐述了服务业在经济发展中的作用，特别指出生产性服务业作为一种过程产业，可以润滑生产过程，在各部门经济发展中充当黏合剂的作用，成为刺激商品生产的有效推动力量。

（二）制造业与生产性服务业的分工演化

随着科技水平的大幅提升，信息技术迅猛发展，经济社会发展过程中对于社会产品的要求也日益提高，迫使社会产品逐步向精密复杂化和高端智能化发展，致使产业结构向服务业迁移，经济体系向服务化发展。越来越多的现代工业生产开始融入生产性服务作为中间要素投入。

由于市场对产品的需求更加多元化、个性化和高级化，产业内的分工不断细化，进而提高了专业化水平，服务属性更强的环节逐渐从制造业中分离出来形成新的生产性服务业，并且变得更加专业化，创新方式层出不穷，频率也不断提高，技术水平得到很大提升。具体而言，由企业外部或更加专业的其他服务类企业提供产品和服务将会比由制造业内部提供更有效率，制造业企业在获得相应质量产品和服务资源的同时，节省了交易费用，制造业的发展也使其对生产性服务业的市场需求和标准越来越高，由此推动了生产性服务业的快速发展。

随着制造业与生产性服务业分工的演进，明晰的产业界限产生的信息不对称容易导致产业间交易成本的增加和生产效率的降低。制造企业为了提高其生产效率，凸显其竞争优势，实现高端化发展，需要不断增加对生产性服务业的中间需求，新分化的生产性服务业重新进入制造业生产，这个过程就是产业融合。在制造业与生产性服务业融合的过程中，产业间的分工虽然逐渐模糊，但产业链条上的分工却进一步增强，所以产业融合其实是一个从低层次向高层次分工的进化过程，是原本产业分工链条重组后，形成新的产业分工链条的过程。

三、产业共生理论

（一）产业共生理论及特征

共生理论最初是指在生态系统中生物之间的相互联系，随着研究的不断深入，其适用范围已经扩展到生态、社会和经济等多个领域。在经济学中，共生描述的是经济主体之间基于某种类似生态系统中的共生模式而形成的关系。产业共生主要是指产业间通过不断地进行信息、知识、技术等资源的交换共享，最终建立起相互合作、共同发展、相互依靠的产业共生系统，可以极大地提高产业间的资源配置效率。胡晓鹏（2009）对产业共生概念进行了界定，认为产业共生是在同一产业链上，基于连续性和增值性而形成的特定共生模式。陈凤先等（2007）认为产业共生的实质表现是共同发展、共同进化和共同适应，体现出产业共生的融合功能。植草益（2001）依托产业共生理论对信息通信领域产业之间的融合问题进行了研究，认为产业融合是不同产业或不同部门之间以技术融合为先导，逐步实现相互交叉和蔓延渗透直至融为一体的动态发展过程，而新的产业属性和新的业态特征也在这个过程中应运而生。产业共生作为跨学科发展的理论对理解经济运行和产业发展都有着重要的意义。

产业共生关系具有三个核心特征，分别是融合性、互动性、协调性。其中，融合性强调由于技术创新等因素促使产业间关联和融合，导致产业边界的模糊；互动性在产业共生分析框架下，反映了产业间的相互影响关系，是产业间的共生行为的具体体现；协调性在共生理论指导下，更注重协调的质量和协调的效率。

（二）制造业与生产性服务业的共生演化

价值链上的竞争与合作关系始终存续于生产性服务业和制造业之间。制造业在生产过程的多个环节借助服务业提供的产品和服务实现效率和价值的提升，而和生产有关的服务业则依托制造业提供的技术、专利等知识向微笑曲线两端的高附加值方向爬升。两者在价值链增值和提升过程中共生发展，进行资源、物质、信息等的交换与共享，不断地合作，共同获利，最终逐渐稳定，形成稳定而持久的互惠共生关系。

两大产业种群及其内部细分产业子群之间的共生演化关系大致可以分为三个阶段。第一阶段是共生体形成期，这时生产性服务业企业的服务能力较弱，他们开始尝试与制造业企业建立初步的共生关系。在这个阶段，制造业与生产性服务业之间的供需关系相对不稳定。第二阶段是共生体成长期，此时随着技术不断进步和专业化分工程度的加深，制造业企业将重心转移到提升核心竞争力上。与此同时，生产性服务业逐渐从制造业中分离出来，形成专业化部门，为制造业提供专业化服务，两大产业间交易活动和合作日趋紧密。第三个阶段是共生体成熟期，这个时期产业出现了各种新型业态形式，促进了两个产业之间资源分享的频繁性和顺畅性。这一时期，两者的共生关系趋于稳定，并呈现出融合发展的趋势。

四、产业融合理论

（一）产业融合及特征

产业融合是在经济全球化、高新技术迅速发展的大背景下，产业提高生产率和竞争力的一种发展模式和产业组织形式，是不同产业或同一产业内的不同行业相互交叉、相互渗透，从而导致产业界限的模糊化，并逐渐形成新产业或新业态的动态发展过程。产业融合是产业发展、技术创新、社会分工发展到一定阶段出现的必然现象，可以形成相互学习、优势互补的发展模式，促进产业资源有效配置。伴随着数字经济的不断发展，企业也可以跨地区进行兼并和重组，产业的边界逐渐模糊，全新的融合型产业体系形成。

产业融合形成的是相互依赖、相互协调和互动促进的关系，融合体现在产业之间的关联性、互动性、协调性方面。产业间的各种中间投入和最终产出活动过程中基于技术和经济的联系，形成了产业关联性。技术和经济联系包括产品联系、劳务联系、生产技术联系、价格联系、劳动就业联系、投资联系等。产业间的互动性，强调的是产业间通过各种机制的调节形成的相互促进、彼此依赖的互动共同发展。要实现产业互动，必须先实现产业化，产业化的分工协作结合技术进步、要素流动等因素不断地深化产业间的彼此依赖和相互促进的关系。产业间的互动关系体现为相互支撑、产业带动、产业耦合和最终的产业融合。产业间的协调性是指不同类型的产业依据各自的比较优势而建立，通过合理的分工与相互协作，达到产业间的相互依存、有序运行、良性循环、共生发展和彼此适应。

（二）制造业与生产性服务业的融合

信息技术的广泛普及以及新经济的兴起对于产业和企业的发展产生了重大的影响，既改变了市场的交易条件、交易成本和交易特点，又缩小了生产性服务业和制造业之间的差别，为制造业与生产性服务业之间的紧密联系提供了共同的基础和平台。

随着制造业与生产性服务业相互关联的程度不断加大，互动性不断提高，共生协调性也在不断增强，将逐渐形成以高端制造业为主导、现代生产服务业为支撑的融合发展体系。根据融合进程中的价值链渗透方式，可以将两者融合的模式总结为以下三种。

（1）价值链嵌入模式。该模式的特点是两大产业之间的技术和产品是互补的，能够在不断相互合作、价值链互补的融合渗透过程中产生新的产品。其中生产性服务业的价值链嵌入制造业，发挥出正向的溢出效应，而制造业的价值链得以留存。

（2）价值链延伸模式。该模式是指制造业的价值链条在上下游不断延伸和拓展，根据客户多元化的服务需求，将价值链延伸到服务业，向客户提供面向服务的制造，形成服务与制造融合的状态，达到高效创新，实现制造业价值链的增值。制造业释放着工业体系中绝大部分的生产性服务需求，需求的拉动为生产性服务业孕育了广阔的市场空间和发展潜力，促进了生产性服务业的专业化和规模化发展，而生产性服务业专业能力的提升和业务范围的扩大，又促进了制造业内部分工的进一步深化，加剧了生产环节服务外包的内生需求，进而制造业通过服务外包腾出了更多的资源和精力聚焦自身的核心生产环节，使得产业内部结构进一步优化和产品竞争力得到进一步提升。制造业与生产性服务业之间这种天然的共生、需求、分工和功能互补关系推动两个产业进入互动发展的良性循环，两者相互协作、相互依靠、相互促进，共同实现了产业价值链的增值。

（3）价值链重构模式。该模式在基于生产者和消费者两个角度的驱动下，经过两个产业核心价值链的重构和创新，形成了全新的价值体系。制造业和生产性服务业的核心增值环节经过有效的优化整合，在产业链的上下游都能进行价值链的重构。制造业凭借其高新技术和智能化的产品服务设施等核心优势促进现代服务业的转型升级，为消费者提供更好的服务体验。而生产性服务业则利用其在信息、设计、物流等方面的专业化竞争优势对制造业相关领域进行资源重组和优化，加速制造业的智能化和高端化发展。

第三节　制造业与生产性服务业融合动因及演进机制

一、制造业与生产性服务业融合发展动因

(一) 产业链分工协作

全球化与产业链分工是推动制造业与生产性服务业融合的核心驱动力。全球化进程使得企业在生产过程中实现了地理分工，将生产环节分散到全球各地。在这一过程中，制造业不再局限于单一国家或地区进行全面生产，而是通过外包和合作将生产链条中的各个环节优化至具有比较优势的地区。这一分工模式提升了制造业和生产性服务业的效率。制造业企业能够专注于核心生产环节，优化生产流程，提高产品质量和生产效率；而生产性服务业，特别是物流、信息技术、研发设计等在全球范围内的快速发展，不仅为制造业提供了基础支持，更通过提供产品设计、供应链管理、金融、市场营销等专业化服务，增强了制造业的创新能力和市场竞争力。

在产业链协同方面，制造业的服务化转型也成为推动两者融合的重要动力。近年来，制造业企业逐渐从传统的"产品导向"转向"服务导向"，不仅依赖于产品的生产，还通过提供售后服务、定制设计、技术支持等增值服务来提升市场竞争力。这一转型促使生产性服务业从单纯的支持性角色转变为与制造业紧密协作的关键参与者。例如，工程设计公司能够参与产品早期的研发阶段，物流企业则提供个性化的配送方案和供应链管理支持，从而实现制造与服务的有机结合。随着市场化竞争的加剧，要求企业在发展中不仅要竞争，更要学会协同创新，直到实现某种程度的融合发展。生产性服务业中具有高知识含量、高技术含量的要素向制造业扩散渗透，带动制造业向高端化迈进，使制造业与生产性服务业朝着同一方向发展，最终形成两者融合发

展。两者的融合发展打破了传统的障碍壁垒，减少不同产业间进入的障碍，更有利于产业间的相互竞争，在竞争中提升企业的发展水平。因此制造业与生产性服务业价值链相关是两者融合的动因。

（二）技术创新与数字化转型

技术创新是制造业与生产性服务业融合的核心驱动力。尤其是在信息技术、人工智能、大数据和物联网等领域的快速发展，为制造业与生产性服务业的融合提供了重要的技术基础，极大地促进了制造业与生产性服务业之间的融合。

数字化技术不仅在制造环节中发挥着关键作用，更向设计、生产调度、供应链管理、客户服务等多个领域渗透，打破了两者的传统边界。例如，通过物联网技术，制造企业能够实时监控生产过程、追踪产品质量，而生产性服务业则能通过大数据分析提供更加精准的生产计划和市场预测，提升制造业的生产决策和效率。人工智能和自动化技术的应用使得制造企业能够在生产过程中实现智能化管理，而生产性服务业则可以通过技术支持提升生产效率、降低成本。因此，技术进步不仅推动了制造业的智能化和高效化，也促使生产性服务业不断向价值链高端延伸，推动了两者的深度融合。

在竞争激烈的市场环境下，制造业与生产性服务业的协同创新推动了技术进步和商业模式的转型。通过跨领域的合作，企业能够在产品设计、生产流程、技术研发等方面进行共同创新。制造业和服务业的深度融合也催生了"产品-服务系统"的概念，这种创新模式使得企业能够在提供高质量产品的同时，提供全方位的增值服务，进一步提升市场竞争力。

（三）市场需求变化

随着消费模式的变化和消费者对个性化、定制化、快速响应等需求的不断提升，制造业企业必须不断调整生产模式以满足这些多样化的市场需求。

生产性服务业的迅速发展，特别是物流、设计、技术支持等领域的创新，为制造业提供了灵活的解决方案。制造业企业通过与生产性服务业的合作，能够提供定制化产品、优化生产调度，快速响应市场需求的变化。例如，物流公司可根据不同客户需求提供定制化的配送方案，设计公司则提供个性化的产品设计。这种基于市场需求驱动的融合促进了制造业从传统的"产品导向"向"服务导向"转型，推动了产品和服务的深度结合，提升了整体产业链的竞争力。

（四）政策支持与政府引导

政策支持和政府引导为制造业与生产性服务业融合提供了有力的保障。各国政府相继出台了一系列政策，推动制造业与服务业的协调发展。例如，许多国家提出了"制造业+互联网"或"智能制造"的战略，鼓励企业在制造过程中应用信息技术、数字化手段，促进服务化发展。与此同时，环保和可持续发展日益成为全球关注的焦点，使得制造业不得不依赖生产性服务业提供绿色生产、节能减排等技术支持，从而促进了两者在环境保护和可持续发展领域的合作。政策支持与环境约束，不仅为制造业提供了转型的动力，也为服务业的发展创造了有利条件，进一步促进了制造业和生产性服务业的协同发展。

综上所述，制造业和生产性服务业的融合是多种因素共同作用的结果。全球化和产业链分工的深化、技术进步的推动、市场需求的变化、制造业的服务化转型以及政策支持等因素，都为这一融合过程提供了动力和保障。随着这些因素的持续作用，制造业与生产性服务业的深度融合将进一步推动产业结构的优化升级，提高全球竞争力，并为企业创造更多的商业机会。

二、制造业与生产性服务业融合发展演进过程

制造业与生产性服务业的融合是一个动态、渐进的过程，经历了初步接

触、服务化转型、深度协同、全链条整合以及智能化融合与可持续发展五个阶段。随着全球化、技术革新和市场需求变化等因素的推动，两者的融合将不断深化，形成更加紧密和高效的产业生态系统，构成多层次、多维度的协同关系（见图3-2）。

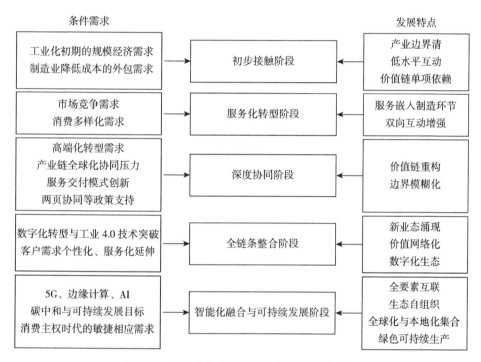

图3-2　制造业与生产性服务业融合演进过程

（一）初步接触阶段：服务支持与外包化

在制造业与生产性服务业融合的初期阶段，生产性服务业主要在生产活动的后端提供基础性支持服务，如设备维护、物流配送、售后服务等。在这一时期，生产性服务业的角色相对单一，主要承担着帮助制造业企业降低运营成本、提高生产效率的功能。这一阶段的核心特征是生产性服务业仍然主要通过外包的形式，成为制造业运营中的辅助力量，而制造业企业并未意识到服务化转型的潜力，服务业的贡献更多体现为对生产环节的支持，而非战略层面的深度合作。

具体来说，在这一阶段，生产性服务业的参与主要集中在生产后期及外部环节。例如，设备维护和修理服务确保了制造业设备的正常运行，减少了停产时间；物流配送服务确保了原材料和成品的及时流动，保障了供应链的顺畅；而售后服务则处理了产品的维护和客户反馈等问题。这些服务通过降低成本、提升效率，为制造业企业的稳定运作提供了必要支持，但对企业的核心竞争力和创新能力并未产生深刻影响。

同时，由于制造业企业的服务化意识尚未觉醒，生产性服务业的角色更多以外包形式存在，制造企业主要关注的是成本效益的最大化，而并未深入考虑如何通过服务创新提升产品附加值或改善客户体验。服务业在这一时期的作用更多是围绕生产环节进行，提升了生产效率和运营效益，但并未参与到战略性层面的产品设计、定制化或服务创新等更高层次的融合。

总的来说，在制造业与生产性服务业融合的初期阶段，两者的关系主要是基于外包和支持性的合作，生产性服务业主要承担基础性支持功能，未能充分发挥其在战略、创新和高附加值服务方面的潜力。这一阶段为后续制造业服务化转型奠定了基础，但也展示了制造业对服务业潜力认识的局限性，两者的融合尚处于较为初步的阶段。

（二）服务化转型阶段：增值服务与服务嵌入

随着市场竞争的加剧和消费者需求的多样化，制造业逐步从"产品导向"转向"服务导向"，这一转变标志着制造业进入服务化转型的阶段。在这一阶段，制造业企业意识到，单纯依赖产品的竞争力已经不足以应对不断变化的市场需求，特别是在全球化和技术快速发展的背景下，单纯的产品创新难以满足消费者对个性化、定制化以及综合解决方案的需求。因此，制造业开始主动引入生产性服务业，提供增值服务，如产品设计、定制化生产、技术咨询、售后服务等，从而提升产品的附加值，并在竞争中脱颖而出。

这种转型使得制造业不仅在传统的硬件产品上进行创新，还在服务层面进行深入开发。例如，通过与服务业公司合作，制造业企业能够为客户提供量身定制的解决方案，整合产品设计、技术支持、售后服务等多维度的服务内容，为消费者带来更为个性化和全面的价值体验。这种服务化转型不仅使得制造企业在产品的基础上添加了更多的附加值，还增强了其在市场中的竞争力，帮助企业在面对激烈的市场竞争时，能够实现差异化发展。

制造业向服务导向转型，也促进了生产性服务业的角色转变。生产性服务业从原本的单纯支持性角色转变为制造业的战略性合作伙伴。在这一过程中，生产性服务业不再仅仅提供传统的后端支持，而是参与产品研发、市场策划、定制化服务等前端环节。生产性服务业凭借其专业化的技术能力和市场洞察，逐渐成为制造业的核心竞争力的一部分，推动了两者更加紧密的合作和深度融合。

这种由产品导向向服务导向的转型和制造业与生产性服务业之间的战略性合作，不仅提升了制造业的市场适应能力，还推动了产业模式的创新和产业价值链的延伸。通过为客户提供更全面、更具个性化的解决方案，制造业企业能够在市场中实现差异化竞争，而生产性服务业则通过与制造业的紧密合作，拓展了服务领域和市场机会，形成了互惠互利的合作关系。

（三）深度协同阶段：跨界合作与价值链重构

随着技术进步，尤其是信息技术、人工智能、大数据和物联网的广泛应用，制造业与生产性服务业的融合进入了深度协同阶段。此时，两者不仅仅在生产环节中提供各自的服务，而且通过技术的集成与跨界合作，形成了一体化的生产与服务链条。两者的协同不仅体现在生产环节的互补支持上，还扩展到了整个产业链的无缝对接与协同创新。

首先，数字化生态，为制造业与生产性服务业一体化产业链发展提供了坚实的基础。在过去，制造业和服务业各自承担特定职能，服务业主要提供后勤、设计、物流等支持性服务，制造业则专注于生产环节。然而，随着数字化、人工智能等先进技术的应用，制造业与服务业之间的互动变得更加紧密。生产性服务业不仅为制造业提供基础设施支持，还通过智能化的技术手段将生产过程中的各个环节（如设计、生产、质量控制、物流配送等）进行数据化、智能化管理，形成一个集成化的生产与服务链条。例如，制造企业通过传感器和物联网技术监控设备的实时运行状态，生产性服务企业则提供数据分析平台，实时优化生产流程并预测设备维护需求。这种技术集成不仅提高了生产效率，还增强了产品质量的可控性，确保了生产过程的智能化与自动化。此阶段的融合，意味着制造业和服务业在技术、创新和管理等领域实现了更加紧密的协同，推动了产品与服务的深度融合。

其次，跨界合作使得制造业与生产性服务业能够在更广泛的层面上实现资源共享与优势互补。过去，制造业和服务业往往局限于传统的业务范畴，各自独立运作。而在现代产业环境中，两者的深度协作催生了全新的商业模式。例如，制造业企业与服务业公司联合研发定制化产品、共同设计供应链方案、共同承担客户支持等，打造出全面而精细的服务体系。这种跨界合作模式不仅提升了制造业产品的附加值，也扩大了生产性服务业的市场份额，推动了产业链的整体优化。一个典型的例子是，智能制造领域中，制造企业与信息技术公司、物流服务提供商、咨询公司等跨行业合作，共同为客户提供从产品设计到售后维护的全方位解决方案。这种一体化的服务模式不仅增加了客户的黏性，还提升了市场响应速度和服务质量，使得制造业和生产性服务业的界限更加模糊，两者真正实现了资源的协同共享和利益共赢。

最后，一体化的生产与服务链条提升了企业的整体竞争力。制造业通过与生产性服务业融合，不仅提升了产品的生产效率和质量，还增强了市场响应能力，能够在更复杂的市场环境中灵活调整战略，满足不断变化的客户需求。同时，服务业通过参与生产环节，能够从更深层次了解客户需求与生产过程，从而提供更加精准的服务和增值解决方案。这种一体化的合作模式，不仅增强了产业链的韧性，也推动了企业的可持续发展。

此阶段，服务业的专业化能力成为制造业升级的关键推力，两者通过知识共享与技术互补实现价值共创。驱动因素包括制造业高端化转型需求、产业链全球化协同压力，以及信息技术对服务交付模式的革新。

（四）全链条整合阶段：解决方案的提供与业态创新

在制造业和生产性服务业的融合进入全链条整合阶段后，制造业的角色发生了根本性的转变。此时，制造业不再仅仅专注于提供单一的产品，而是逐渐向综合解决方案的提供商转型。这一转型的核心在于，制造业企业不仅要满足消费者对产品的需求，还需要通过整合上下游资源、技术创新和服务设计，提供从产品设计、生产、交付到售后服务等一整套完整的解决方案。

这一阶段，制造业企业与生产性服务业的合作达到了前所未有的深度，两者的融合不再局限于产品制造和传统服务，而是涵盖了产品研发、供应链管理、技术咨询、定制化服务、数据分析等多个环节。例如，许多制造企业与IT公司、工程设计公司以及物流服务商密切合作，为客户提供全流程的个性化解决方案。这种全链条整合不仅提升了制造业的产品附加值，还增强了客户的整体体验，使得制造业不再仅仅是产品的供应者，而是成为了客户的战略合作伙伴。

同时，随着信息技术的快速发展，制造企业还可以通过数字化手段，实时获取产品使用的数据，并通过数据反馈不断优化产品设计和服务方案，进一步提升产品和服务的智能化水平。这种全链条的服务体系，使得制造业能够在更广泛的市场中占据竞争优势，能够提供更为高效、精准、个性化的产品和服务，满足市场日益多样化和复杂化的需求。

从单纯的产品生产者转变为解决方案提供商，标志着制造业与生产性服务业的融合进入了一个新的发展阶段。这一转型不仅是对制造业产品附加值的提升，更是对市场需求变化的响应，是制造业在全球竞争中获取更大市场份额和持续创新能力的关键所在，进一步推动了制造业与生产性服务业的深度融合，也改变了传统产业链的结构，使得两者成为不可分割的整体。

（五）智能化融合与可持续发展阶段：全要素互联与绿色生产

随着环保意识的提升和可持续发展目标的确立，制造业与生产性服务业的融合进入了一个全新的阶段，即以绿色生产和智能化创新为核心的融合阶段。

绿色生产成为制造业转型的重要方向。随着全球范围内环保政策的日益严格，尤其是碳排放、资源消耗和废弃物处理等方面的环保要求日益增加，制造业企业面临着巨大的压力。为了应对这些挑战，许多制造业企业开始依赖生产性服务业提供专业的绿色技术支持和解决方案。生产性服务业可以通过提供清洁生产技术、绿色设计服务、废弃物回收及循环利用技术等帮助制造业实现资源的最大化利用与污染最小化，从而降低环境风险并提升企业的绿色竞争力。节能减排方案的实施成为制造业提升环境友好性和符合政策要求的关键举措。生产性服务业在此过程中发挥了重要作用，提供了诸如能源管理、碳排放监控、智能化节能设备和系统等先进技术。通过协作，制造业不仅能够在生产过程中降低能源消耗、减少碳排放，还能够提高生产线的能效，进而提高整体运营效率与可持续性。

在5G、数字孪生、区块链等前沿技术支撑下，智能化创新成为推动制造业与生产性服务业深度融合的又一重要动力。主要体现在以下几个方面。第一，人工智能、大数据分析了推动绿色生产和智能制造的发展。例如，生产性服务业可以为制造业提供数据分析平台，帮助制造业实时监控资源的消耗情况，预测设备故障，优化生产调度，从而实现生产过程的智能化管理。这不仅提升了生产效率，也使得制造业在环保和资源管理上更加高效与精准。第二，促使企业在全生命周期内实现环境效益最大化，包括通过智能物流减少运输中的能源消耗、通过智能产品设计减少原材料的浪费等。通过智能化创新，企业能够在满足环境标准的同时，增强市场竞争力，实现盈利与可持续发展的双赢。第三，物理空间与虚拟空间通过数字孪生技术实现全要素互联，制造业转向"服务主导逻辑"，按需制造、订阅制服务等模式成为主流。开放式创新生态系统逐步形成，跨行业研发协同与资源共享成为常态，例如基于工业互联网平台的全球供应链与本地化服务网络动态适配。

在这一阶段，制造业与服务业的融合不仅是只提升生产效率和市场竞争力，更包括对社会责任和环境责任的共同承担。两者通过智能化技术、绿色技术的创新合作，不仅推动了生产力的发展，还为实现社会可持续发展目标做出了贡献。

三、制造业与生产性服务业融合影响因素的作用路径及机制

影响制造业与生产性服务业融合的因素是多方面、多角度的。结合上文分析与图3-2的演进驱动机理，将影响制造业与生产性服务业融合的因素分为三类，分别是融合的基础因素、融合的条件因素以及融合的环境因素。融合的基础因素将两大产业的技术创新能力、研发资金的投入以及专业技术人才的储备归为一类；融合的条件因素主要包括产品的市场需求规模、环境规制与碳中和、可持续发展目标、政府的政策与制度支持；融合的环境因素主要是市场服务经济的发展水平、产业的发展水平以及企业的管理水平。制造业与生产性服务业融合影响因素的作用机制如图3-3所示。

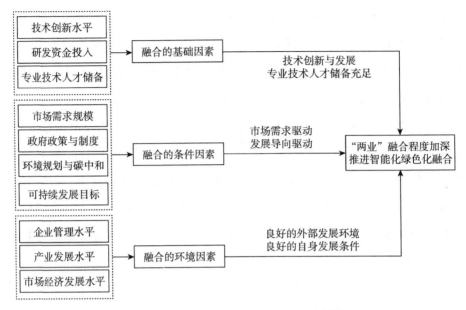

图3-3　制造业与生产性服务业融合影响因素的作用机制

（一）制造业与生产性服务业融合基础因素的影响路径及机制

技术创新能力是促进制造业与生产性服务业融合的核心动力。技术创新不仅限于产品的研发，还包括生产工艺、管理模式、服务模式等方面的创新。从影响路径看，技术创新通过推动制造业生产过程的智能化、数字化和自动化，使得生产效率得到显著提升。同时推动制造企业生产具有高附加值的智能产品，而生产性服务业则借助这些智能产品提供更加定制化和精准的服务。促使制造业和生产性服务业在产品和服务创新上形成互动。从影响机制看，制造业通过技术进步提升产品智能化水平，生产性服务业则利用技术工具提升服务效率和质量，进而推动了产业链的整合与协同发展。这种互动促使制造业和生产性服务业在业务上相互依赖、技术上共同进步，进而形成跨行业的融合生态。

研发资金投入是技术创新的根本保障，足够的资金支持能够促进技术研发和创新实践，为制造业与生产性服务业的融合提供必要的技术支撑。从影响路径看，研发资金投入能够加速技术创新的进程，推动企业在技术研发上的突破，从而提升产品和服务的创新能力。例如，制造企业在研发资金的支持下可以进行新产品的设计与开发，同时生产性服务业则可以开发智能化的服务平台，提供基于大数据和人工智能的增值服务。从影响机制看，研发资金投入增强了企业在技术创新上的持续性和能力，不仅加快了制造业生产方式的升级，还为生产性服务业带来了更高质量的服务产品和服务模式。资金的投入提升了两者的技术共享与协同开发能力，使得制造业与生产性服务业的创新路径更加相互依赖和协同。

足够的技术人才储备可以确保企业具备持续创新的能力，并在产品和服务创新中发挥关键作用。从影响路径看，技术人才的储备推动了制造业和生产性服务业之间的知识转化与技术应用。具备技术创新能力的人才不仅能够帮助制造企业优化生产流程，推动智能化制造，还能协助生产性服务业开发出更加先进的服务解决方案，在制造业和服务业之间架起知识与技术的桥梁，推动两者在技术研发、产品设计、服务模式创新等方面的协同。从影响机制看，专业技术人才的储备直接影响技术创新的质量和速度。人才的加入不仅加速了制造业的产品和工艺创新，还推动了服务业在数字化、智能化等领域的创新应用。人才的流动和合作增强了制造业与生产性服务业之间的技术交流与融合，通过技术的跨界应用实现了生产与服务的协同创新。这种协同作用形成了产业之间相互依赖、互促共进的机制，从而促进了产业融合。

（二）制造业与生产性服务业融合条件因素的影响路径及机制

市场需求规模直接影响了制造业和生产性服务业的生产和服务方向，同时也影响了两者在产品和服务创新上的合作与融合。从影响路径看，随着市场需求规模的扩大，制造业和生产性服务业的互动日益加强。制造业需要根据市场需求快速调整生产策略，而生产性服务业则根据需求变化提供相应的增值服务，如定制化物流、智能化设备管理等。市场需求的多样化推动了两者的协同创新，制造业通过与服务业的合作，不仅可以满足产品生产的需求，还能够提供增值服务，从而提升市场竞争力。从影响机制看，市场需求的变化促使制造业在技术创新、生产过程灵活性、产品多样性等方面进行调整，同时要求生产性服务业提供与产品相关联的综合服务。需求的规模化和个性化推动了生产性服务业的发展，并促进了两者在供应链、生产方式、服务模式等方面的高度融合。例如，消费品市场的快速增长要求制造业提高产品定制化程度，而生产性服务业则通过数据分析和智能技术提供个性化的售后服务和物流管理。

环境规制与碳中和目标对制造业与生产性服务业的融合起到了强制性推动作用，特别是在绿色发展和可持续发展的背景下，两者的融合变得尤为重要。从影响路径看，环境规制的加强迫使制造企业提升生产工艺的环保性，采用清洁能源、节能降耗的技术，同时生产性服务业通过提供绿色供应链管理、绿色物流、环保技术支持等服务，帮助制造业企业达成碳中和目标。碳排放目标的推动使得制造业与生产性服务业之间的合作更加密切，尤其是在绿色技术应用、能效提升和资源优化配置等方面。从影响机制看，环境规制通过政策导向，推动制造业在生产过程中采用更环保的技术和流程，生产性服务业则通过提供环保技术咨询、绿色认证、碳足迹计算等服务，帮助制造业企业减少碳排放。制造业与服务业的这一合作形式，使得两者在绿色技术创新、碳排放监控等方面形成了紧密的技术协同。这种协同不仅推动了两者在绿色生产、绿色消费中的共同进步，也使得生产性服务业在绿色发展中的重要作用日益凸显。

可持续发展目标的推动，不仅促使制造业在经济效益之外，关注社会责任和环境责任，同时生产性服务业也将自身服务模式转向更加环保、社会责任导向的方向。从影响路径看，可持续发展目标要求企业采取长期可持续发展的策略，促使制造业加强产品设计、生产工艺和供应链管理中的资源节约与环境保护。生产性服务业则借助信息化平台、智能化管理等手段，提供更加环保、可持续的服务。例如，智能物流和供应链管理能够有效降低资源浪费，实现低碳化生产，服务业也可通过绿色供应链的管理，助力制造业企业达到可持续发展的目标。从影响机制来看，可持续发展目标推动了制造业向资源高效、低污染的生产模式转型，同时也激发了生产性服务业在绿色管理、绿色认证、环境影响评估等方面的创新。两者在可持续发展方面的紧密合作，促进了资源的高效利用与企业的长期竞争力提高。在这一过程中，制造业和服务业通过共同的可持续发展目标，推动了绿色技术的创新，还实现了低碳、环保等社会责任目标。

政府的政策与制度支持在推动制造业与生产性服务业融合中起到了至关重要的引导和保障作用，尤其在政策扶持、资金投入、技术创新激励等方面具有显著影响。从影响路径看，政府通过出台一系列支持技术创新、绿色发展的政策，为制造业和生产性服务业的融合提供了政策保障。政府的税收优惠、资金补贴、研发支持政策等，可以激励制造企业在生产过程中采用新技术、新工艺，而生产性服务业则可以借助政府政策提供的资金和资源，向制造业提供更多增值服务，如供应链管理、绿色技术咨询等。政府的政策扶持加快了技术的应用与转化，从而推动了两者的融合发展。从影响机制看，政府政策的支持，尤其是针对绿色发展、碳中和、产业升级等领域的政策，为制造业和生产性服务业的融合提供了资金和技术支持。政府通过减税、补贴等措施，鼓励企业投资研发，推动技术创新，使制造业和服务业共同受益。政策的激励机制使得两者在绿色发展、技术创新、产业升级等方面加强了合作，并促进了制造业和服务业在更高层次、更广领域的融合与协同。

（三）制造业与生产性服务业融合环境因素的影响路径与机制

经济发展水平直接影响了制造业与生产性服务业的需求、资源配置和技术创新能力，从而推动了两者的融合。从影响路径看，经济发展水平的提高通常伴随着科技进步和产业结构升级。经济更发达的地区通常具有更强的市场需求和技术创新能力，这为制造业与生产性服务业的融合提供了良好的基础。在发达经济体中，制造业往往面临更高的产品质量要求和客户需求多样化的压力，而生产性服务业则提供了定制化、个性化的增值服务，如智能物流、设备管理、售后支持等，帮助制造业提升竞争力。从影响机制看，经济发展水平的提高使得企业在技术创新、生产方式、服务模式等方面的投资能力增强。高水平的经济发展促进了技术人才的聚集、资金的充裕以及市场需求的多样化，这推动了制造业和生产性服务业之间的技术交流和资源整合。制造业在追求产品差异化和高附加值的过程中，与生产性服务业在技术支持、管理创新等方面展开更广泛的合作，从而促进了两者的融合。

产业发展水平反映了一个地区或国家在某一行业或多个行业中的竞争力和成熟度，它在很大程度上决定了制造业和生产性服务业融合的空间和方向。从影响路径看，随着产业的发展和成熟，特别是制造业的技术水平不断提高，生产性服务业的需求也随之增长。在高端制造业领域，如汽车、电子、航空航天等行业，生产性服务业的服务范围从单纯的售后维修扩展到系统集成、设备智能化管理、供应链优化等高附加值服务。因此，产业的技术升级和服务需求的变化推动了两者在技术研发、市场拓展、供应链管理等领域的深度合作。从影响机制看，产业发展水平的提升推动了制造业技术的升级换代，并催生了对生产性服务业更高水平的要求。制造业企业在追求更高生产效率、产品质量和市场竞争力的过程中，需要更多依赖生产性服务业的技术支持和解决方案。而生产性服务业也通过向制造业提供更为精准、专业的服务，促进了制造业的产品和服务创新。产业的成熟使得两者之间的合作模式从简单的外包关系转变为更加深入的协同创新和共创价值。

高层管理者的战略眼光、决策能力和跨界合作意识，直接影响两者融合的深度和效果。从影响路径看，高层管理者的管理水平决定了企业是否能够充分认识到生产性服务业在提升制造业核心竞争力方面的潜力，以及如何有效整合两者的资源。在高层管理者的引导下，企业能够制定清晰的发展战略，明确制造业与生产性服务业融合的目标，推动技术创新、流程优化、管理改进等方面的协作。高层管理者通过跨界思维，推动组织文化的变革和知识的共享，促进制造业与生产性服务业之间的深度融合。从影响机制看，高层管理者的管理水平直接决定了企业在管理流程、技术应用、组织结构等方面的优化。高层管理者能够识别出制造业与生产性服务业融合的潜力，通过有效的战略布局、资源调配和协同机制，推动两者之间的合作。例如，管理层能够通过技术创新、信息化平台建设、跨部门合作促进等方式，将制造业与生产性服务业的资源优势进行整合，从而提升企业整体竞争力。高层管理者的前瞻性眼光和决策能力，有助于制造业和生产性服务业在新的市场环境中寻找新的增长点，并实现协同创新。

第四章 制造业发展现状

第三章探讨了制造业与生产性服务业融合的理论机制，本章将以现实数据为依托，从各自发展规模、行业异质性、区域异质性和发展效率，对我国制造业和生产性服务业现状进行量化分析。由于统计口径发生变化，且由于部分省级行政区相关指标统计数据缺失，本书选取除西藏自治区、香港特别行政区、澳门特别行政区、台湾地区以外的30个省份2013—2022年的面板数据为研究样本。由于统计数据缺失，制造业2017年数据按近五年平均增速估算而得。

第一节 制造业规模现状分析

2013—2022年，全国制造业增加值由2013年的17.7万亿元增长到2022年的32.6万亿元，利润总额从5.54万亿元增长到6.40万亿元，从业人员人均人数从8 613.55万人降低到6 981.13万人。可以看出我国制造业产业规模不断扩大，人员结构也在逐步优化。

一、产出规模

随着推进工业化进程的推进，我国建立了较为完整的工业体系和齐全的制造业门类，摆脱了工业基础薄弱的局面。充足的劳动力、配套的基础设施、能源和要素供给以及政策支持，使得我国制造业迅猛发展，成为制造大国。

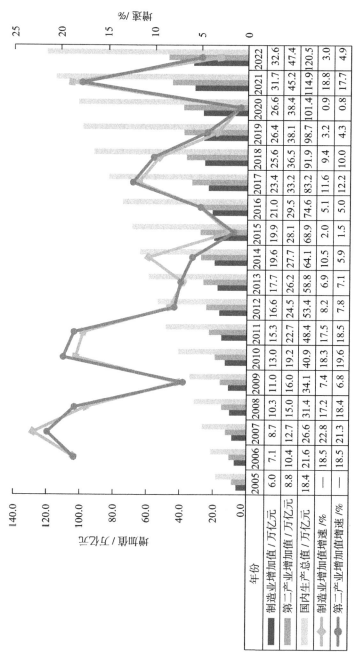

图 4-1　2005—2022 年我国制造业增加值及增速

年份	2005	2006	2007	2008	2009	2010	2011	2012	2013	2014	2015	2016	2017	2018	2019	2020	2021	2022
制造业增加值 / 万亿元	6.0	7.1	8.7	10.3	11.0	13.0	15.3	16.6	17.7	19.6	19.9	21.0	23.4	25.6	26.4	26.6	31.7	32.6
第二产业增加值 / 万亿元	8.8	10.4	12.7	15.0	16.0	19.2	22.7	24.5	26.2	27.7	28.1	29.5	33.2	36.5	38.1	38.4	45.2	47.4
国内生产总值 / 万亿元	18.4	21.6	26.6	31.4	34.1	40.9	48.4	53.4	58.8	64.1	68.9	74.6	83.2	91.9	98.7	101.4	114.9	120.5
制造业增加值增速 /%	—	18.5	22.8	17.2	7.4	18.3	17.5	8.2	6.9	10.5	2.0	5.1	11.6	9.4	3.2	0.9	18.8	3.0
第二产业增加值增速 /%	—	18.5	21.3	18.4	6.8	19.6	18.5	7.8	7.1	5.9	1.5	5.0	12.2	10.0	4.3	0.8	17.7	4.9

从图4-1可以看出，2005—2022年，我国制造业增加值不断扩大，由2005年的6.0万亿元增长到2022年的32.6万亿元，占第二产业增加值比重约69%，占全国GDP比重约27%。从增长速度看，制造业和第二产业增加值增速波动较大，但趋势基本保持一致，平均增长速度分别为10.5%和10.4%。

图4-2展示了我国制造业利润总额和主营业务情况。从总体看，我国制造业利润总额和主营业务收入整体呈扩大趋势，但增长速度波动下滑，利润总额的增长速度快于主营业务收入的增长速度。具体而言，制造业利润总额由2010年的4.26万亿元增加到2022年的6.40万亿元，增长速度为先递减后递增，2022年增速最低，为-18.98%；主营业务收入由2010年的60.63万亿元增长到2022年的115.18万亿元，2011—2017年增速呈波动平稳状态，2017年以后增速波动较大，2021年增长速度最快，为32.87%。

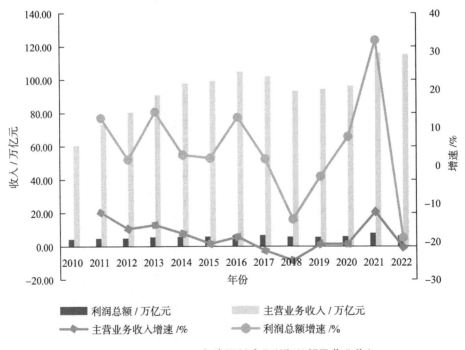

图4-2　2010—2022年我国制造业利润总额及营业收入

二、投入规模

选取制造业平均用工人数和固定资产投资增速，从人力和物力两个方面衡量中国制造业的资源投入情况。从图4-3可以看出，中国制造业固定资产投资总额规模不断扩大，但从2012年之后增长速度急速下滑，由21.36%下降到2017年的3.06%，并在2020年出现负增长。从平均用工人数看，我国制造业用工人数呈现出"先增长再减少后平稳"的趋势，2014年之前制造业平均用工人数呈增长趋势，但2014年之后用工人数逐年下降，近5年基本平稳。

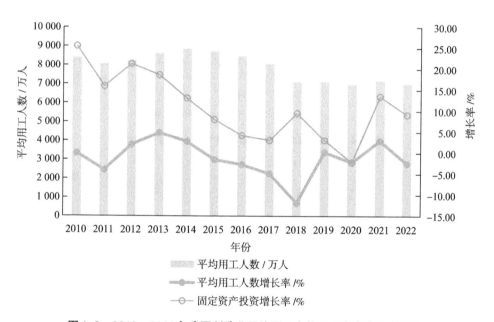

图4-3　2010—2022年我国制造业平均用工人数及固定资产投资增速

三、企业规模

图4-4展示了制造业企业单位数情况。可以看出2011—2022年制造企业数量不断增加，由2011年的301 489个增长到2022年的441 027个，增长了

0.46倍，年均增长速度为3.5%。从增长速度看，我国制造业企业数量基本呈波动平稳状态。企业单位数从侧面反映了制造业繁荣程度的变化。

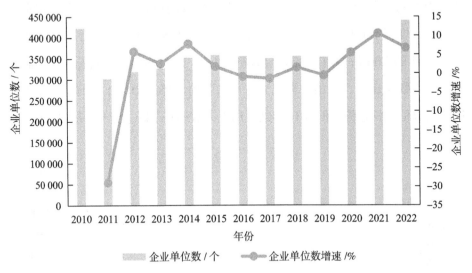

图4-4 2010—2022年全国制造业企业单位数及增速

第二节 制造业异质性分析

一、发展结构

表4-1展示了我国制造业法人单位数发展规模及占比的变化情况。2005—2022年，制造业法人单位数整体规模呈逐年增长的趋势，由2005年的145.16万个增加到2022年的452.96万个，增加了2.12倍。制造业法人单位数占全社会法人单位数比重呈逐年下滑的趋势，由2005年的25.7%下降到2022年的12.19%。同时，观察制造业增加值占GDP比重，发现制造业增加值占比虽有下降趋势，但降速低于法人单位数，说明制造企业的生产效率有所提升，可

能是由于企业采用了先进的技术和设备，优化了生产流程，提高了产品质量
和产量，从而创造了更多的价值。同时也说明整个制造业产业结构正逐渐优
化升级。

表4-1　2005—2022年全国制造业法人单位数及占比

年份	合计/万个	制造业法人单位数/万个	制造业法人单位数占整体比重/%	制造业增加值占GDP比重/%
2005	564.78	145.16	25.70	32.70
2006	606.89	157.94	26.02	32.92
2007	649.51	170.25	26.21	32.91
2008	721.47	181.84	25.20	32.65
2009	800.39	195.93	24.48	32.30
2010	875.46	209.84	23.97	31.86
2011	959.37	224.03	23.35	31.62
2012	1 061.65	238.08	22.43	31.01
2013	1 125.83	225.22	20.01	30.10
2014	1 370.14	261.67	19.10	30.50
2015	1 572.92	280.11	17.81	28.95
2016	1 819.14	301.93	16.60	28.07
2017	2 200.91	348.36	15.83	28.11
2018	2 348.10	326.96	13.92	27.84
2019	2 528.02	346.33	13.70	26.77
2020	2 938.93	384.67	13.09	26.29
2021	3 286.70	416.78	12.68	27.55
2022	3 716.96	452.96	12.19	27.07

二、制造业行业异质性分析

近年来，不仅制造业规模逐渐扩大，制造行业的生产工艺、技术水平、
经济效应以及社会与环境效益等方面均发生了显著变化。根据制造业行业特

点，可以将其分为先进制造业和传统制造业。

先进制造业强调制造业与高新技术的深度融合，不断吸收电子信息、计算机、机械、材料以及现代管理技术等方面的高新技术成果，并将这些先进制造技术综合应用于产品的研发设计、生产制造、在线检测、营销服务和管理的全过程。先进制造业涵盖了多个行业，如航空航天制造、机器人与自动化设备、电子信息产业、新能源与新能源汽车、高端医疗设备、新材料产业、生物制药与生物技术等。这些行业都是高新技术与传统制造业相结合的产物，具有广阔的发展前景和市场潜力。

传统制造业则是指那些采用传统技术和工艺进行生产的制造业，这类制造业通常注重产品的批量生产和成本控制，但在技术创新和生产效率方面可能相对较弱。传统制造业包括了许多基础性的行业，如纺织业、皮革制品业、木材加工业等。这些行业在经济发展中仍然发挥着重要作用，但随着技术的不断进步和市场竞争的加剧，传统制造业也需要不断进行技术升级和转型，以适应市场变化和提高竞争力。

表4-2展示了按资产总计排序后的我国细分制造行业主要经济指标。从企业单位数看，非金属矿物制品业位居首位，企业单位数超过3万个的行业有非金属矿物制品业、金属制品业、通用设备制造业、电气机械和器材制造业。

表4-2　2022年我国制造细分行业主要经济指标

细分行业	企业单位数/个	资产总计/亿元	各行业资产总计占比/%	利润总额/亿元	各行业利润总额占比/%	全部从业人员平均人数/万人	各行业从业人数占比/%
制造业	441 027	1 209 475.26		64 022.41		6 981.13	
计算机、通信和其他电子设备制造业	26 410	175 815.04	14.54	7 851.56	12.26	963.93	13.81

续表

细分行业	企业单位数/个	资产总计/亿元	各行业资产总计占比/%	利润总额/亿元	各行业利润总额占比/%	全部从业人员平均人数/万人	各行业从业人数占比/%
电气机械和器材制造业	32 626	107 991.94	8.93	5 824.53	9.10	585.34	8.38
化学原料和化学制品制造业	24 381	101 194.33	8.37	7 420.97	11.59	341.30	4.89
汽车制造业	18 108	99 553.55	8.23	5 046.26	7.88	442.79	6.34
非金属矿物制品业	47 220	80 278.99	6.64	4 574.1	7.14	449.68	6.44
黑色金属冶炼和压延加工业	5 929	71 697.19	5.93	462.43	0.72	199.85	2.86
通用设备制造业	33 114	59 346.85	4.91	3 218.73	5.03	425.31	6.09
专用设备制造业	25 850	56 851.61	4.70	3 012.51	4.71	345.67	4.95
有色金属冶炼和压延加工业	9 074	48 160.95	3.98	2 922.78	4.57	157.23	2.25
医药制造业	9 231	47 898.52	3.96	4 191.36	6.55	209.38	3.00
石油加工、炼焦和核燃料加工业	2 288	40 972.42	3.39	424.51	0.66	77.80	1.11
金属制品业	34 294	40 559.65	3.35	2 046.47	3.20	381.50	5.46
农副食品加工业	24 289	36 106.04	2.99	1 824.08	2.85	258.10	3.70

细分行业	企业单位数/个	资产总计/亿元	各行业资产总计占比/%	利润总额/亿元	各行业利润总额占比/%	全部从业人员平均人数/万人	各行业从业人数占比/%
铁路、船舶、航空航天和其他运输设备制造业	5 957	32 832.12	2.71	904.76	1.41	152.24	2.18
橡胶和塑料制品业	25 037	29 197.5	2.41	1 602.62	2.50	288.16	4.13
酒、饮料和精制茶制造业	5 765	22 452.56	1.86	3 011.69	4.70	103.71	1.49
纺织业	20 413	22 120.39	1.83	914.84	1.43	263.85	3.78
食品制造业	9 489	21 256.3	1.76	1 651.91	2.58	169.42	2.43
造纸和纸制品业	7 526	16 387.87	1.35	576.68	0.90	94.51	1.35
仪器仪表制造业	6 644	14 997.52	1.24	1 051.64	1.64	100.72	1.44
化学纤维制造业	2 224	11 228.5	0.93	250.6	0.39	44.57	0.64
纺织服装、服饰业	13 618	11 160.39	0.92	704.97	1.10	231.50	3.32
烟草制品业	132	10 725.96	0.89	1 342.59	2.10	15.94	0.23
文教、工美、体育和娱乐用品制造业	10 603	9 449.27	0.78	691.99	1.08	162.60	2.33
印刷和记录媒介复制业	6 840	7 380.25	0.61	420.57	0.66	83.36	1.19

续表

细分行业	企业单位数/个	资产总计/亿元	各行业资产总计占比/%	利润总额/亿元	各行业利润总额占比/%	全部从业人员平均人数/万人	各行业从业人数占比/%
家具制造业	7 299	6 955.95	0.58	420.8	0.66	101.78	1.46
木材加工和木、竹、藤、棕、草制品业	11 992	6 172.83	0.51	424.78	0.66	95.87	1.37
皮革、毛皮、羽毛及其制品和制鞋业	8 555	6 124.63	0.51	494.34	0.77	150.13	2.15
废弃资源综合利用业	3 241	5 983.3	0.49	384.3	0.60	24.95	0.36
其他制造业	2 149	4 433.65	0.37	205.16	0.32	35.62	0.51
金属制品、机械和设备修理业	729	4 189.21	0.35	147.86	0.23	24.33	0.35

从资产总计看，排名靠前的分别是计算机、通信和其他电子设备制造业（资产占比14.54%）、电气机械和器材制造业（资产占比8.93%）、化学原料和化学制品制造业（资产占比8.37%）是资产规模最大的前三大行业，合计占全部制造业资产的31.84%，占据主导地位。前三大行业和汽车制造业、非金属矿物制品业、黑色金属冶炼和压延加工业、通用设备制造业、专用设备制造业等行业资产总额占制造业整体的62.24%。

从利润总额上看，超过3 000亿元的有计算机通信和其他电子设备制造业（利润占比12.26%）、电气机械和器材制造业、化学原料和化学制品制造业、汽车制造业、非金属矿物制品业、通用设备制造业、专用设备制造业。从这两个指标可以看出，我国先进制造业发展迅速，不仅在企业规模上占优势，利润总额方面也占据主要地位。计算机、通信和其他电子设备制造业（利润占比12.26%）、化学原料和化学制品制造业（利润占比11.59%）、电气机械和器材制造业（利润占比9.10%）是利润贡献前三的行业，合计利润占比32.95%。

结合资产总额与利润总额，黑色金属冶炼和压延加工业（资产占比5.93%）和石油加工、炼焦和核燃料加工业（资产占比3.39%）资产规模较高，但利润贡献极低（利润占比分别为0.72%、0.66%），可能存在资产利用效率低下的问题。烟草制品业（资产仅占0.89%，利润占比2.10%）和酒、饮料和精制茶制造业（资产1.86%，利润占比4.70%）表现出"轻资产、高利润"特征，盈利能力突出。

从解决就业水平看，计算机、通信和其他电子设备制造业（从业人数占比13.81%）、电气机械和器材制造业（从业人数占比8.38%）、非金属矿物制品业（从业人数占比6.44%），合计吸纳近28.6%从业人员。黑色金属冶炼和压延加工业（从业人数占比2.86%）和化学原料和化学制品制造业（从业人数占比4.89%）资产规模大但就业贡献低，属于资本密集型行业。

三、制造业空间异质性分析

从表4-3中可以看出，制造业发展资产总计靠前的省份主要包括广东、江苏、浙江、山东、上海，利润总额排名前五的省份主要有广东、江苏、浙江、山东、四川。而西藏、海南、青海等地发展水平较为欠缺。从解决就业的角度看，福建虽发展规模较靠后，但平均用工人数占比为6.01，排名第五。

表4-3　2022年按省份分组的制造业主要经济指标

单位：%

省份	资产总计占比		固定资产占比		利润总额占比		平均用工人数占比	
前五省份	广东	13.84	江苏	12.71	广东	14.22	广东	22.04
	江苏	13.06	广东	9.97	江苏	14.20	江苏	15.37
	浙江	9.41	浙江	8.99	浙江	8.87	浙江	12.49
	山东	7.77	河北	4.74	山东	6.14	山东	8.41
	上海	4.23	湖北	4.44	四川	5.97	福建	6.01
后三省份	青海	0.32	青海	0.49	甘肃	0.49	青海	0.20
	海南	0.25	海南	0.30	宁夏	0.44	海南	0.16
	西藏	0.04	西藏	0.05	西藏	0.02	西藏	0.02

第三节　制造业发展效率分析

一、劳动效率

选择人均利润率对制造业的劳动效率进行分析。人均利润率作为制造业劳动效率的财务表征指标，其核心逻辑在于将人力资源投入与经济效益产出进行动态关联，通过"利润总额/员工人数"的量化形式揭示制造业内部从业人员效率的高低。

图4-5为2022年我国制造业各细分行业人均利润率数据。可以看出，烟草制品业人均利润率高达84.23万元/人，是行业平均人均利润额（约9.17万元/人）的9.2倍，劳动效率遥遥领先。其次为酒、饮料和精制茶制造业（29.04万元/人），化学原料和化学制品制造业（21.74万元/人），医药制造业（20.02万元/人），这些行业的人均利润率较高。而纺织服装、服饰业（3.05万元/人）、黑色金属冶炼和压延加工业（2.31万元/人）人均利润率较低。

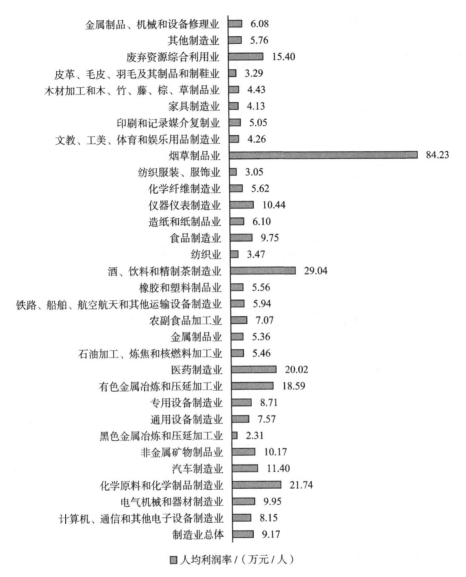

图4-5 2022年我国制造业细分行业人均利润率

二、资本效率

通过行业资产利润率反映制造业的资本效率，从制造业利润总额对资产总额的效率进行分析，反映资产对行业利润的贡献程度。行业资产利润率是衡量一个行业资本利用效率的核心指标，它深刻反映了该行业在运用资产创造利润方面的能力。较高的资产利润率通常意味着行业内的企业能够有效地管理其资产，通过优化资源配置、提升运营效率和创新业务模式等手段，实现资本的增值。

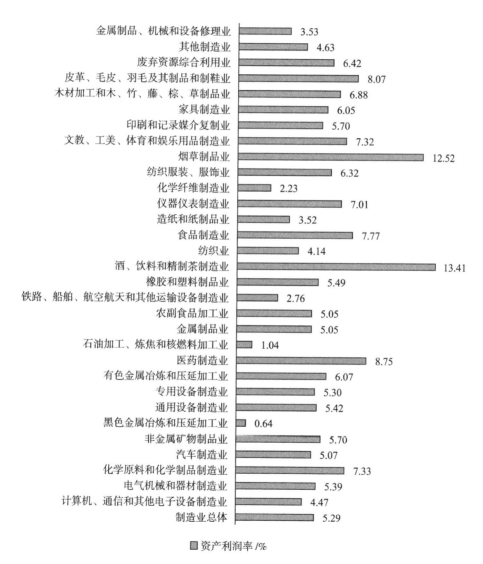

图4-6　2022年我国制造业细分行业资产利润率

　　图4-6为2022年我国制造业细分行业资产利润率。酒、饮料和精制茶制造业以13.41%的资产利润率高居榜首，远超行业平均水平（约5.29%），经统计得资产占比0.89%，利润占比2.10%，资产规模小但利润率高，属于政策垄断性高收益行业。其次为烟草制品业，资产利润率为12.52%，经统计得资产占比1.86%，利润占比4.70%，消费市场需求稳定，品牌溢价显著。医药制造业（资产利润率为8.75%），皮革、毛皮、羽毛及其制品和制鞋业（8.07%），食品制造业（7.77%）表现也比较优异。而黑色金属冶炼和压延加工业的资产利润率仅有0.64%，资产占比5.93%，利润占比0.72%，可能受产能过剩或原材料价格波动影响，亟需技术升级。石油加工、炼焦和核燃料加工业资产利润率为1.04%，资产占比3.39%，利润占比0.66%，可能受国际油价波动和环保政策制约，效率低下。

第五章　生产性服务业发展现状

生产性服务业（Producer Services）是指为其他企业或组织提供中间服务、支撑其生产活动的服务业，涵盖研发设计、物流运输、信息技术服务、金融保险、商务咨询、市场营销、人力资源、法律会计等领域。其发展对提升产业链效率、推动产业升级、促进经济增长具有重要意义。目前，发达国家的生产性服务业占国民经济的比重超过了50%，正逐步取代制造业成为西方发达国家经济增长的主要驱动力和创新源泉。逆全球化和疫情不但没有阻止生产性服务业增长，反而加速了其数字化、智能化进程，催生了大量居家办公、在线教育、线上娱乐、线上健康医疗等新兴服务需求。全球服务贸易中的生产性服务贸易收支规模占比稳步增长，并逐渐稳定在75%左右。

2013年以后，我国家庭服务的外部化和市场化日益明显，以共享经济为首的新兴服务业蓬勃发展，以信息传输、软件和信息技术服务业为引领的新兴生产性服务业市场主体迅猛增长。2022年生产性服务业增加值占GDP比重约22%，增速高于GDP整体增速。在服务贸易领域，生产性服务业占服务业增加值比重也有所增长，且生产性服务业中部分行业增速高于服务业整体增速。其中，新兴生产性服务贸易发展速度较快，近十年年均增速为8%，其收支规模占服务贸易总规模比重已达35%。

第一节 生产性服务业规模现状

一、产出规模

2012—2022年，我国生产性服务业及内部各行业的增加值增长速度虽然呈波动状态，但增加值规模不断扩大，为产业互融打下良好的基础。

图5-1可以对比我国生产性服务业增加值、第三产业增加值、国内生产总值的规模，及增长速度。从增加值角度分析，2011—2022年，我国生产性服务业增加值呈逐年增加的趋势，增长速度呈波动变化的状态，2019年突破20万亿元。生产性服务业整体增加值由2012年的9.03万亿元增长到2022年的26.33万亿元，年均增长率为12.63%，与第三产业的平均增长速度（11.32%）接近。

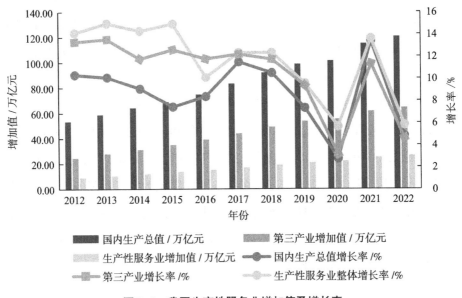

图5-1　我国生产性服务业增加值及增长率

从增长速度看，生产性服务业增加值、第三产业增加值和国内生产总值的增长速度变化幅度相对接近，在 2020 年前呈现下滑趋势，2021 年短暂上升后，2022 年回落。

二、投入规模

表 5-1 反映了全社会及各生产性服务业固定资产投资增长率。由表 5-1 可见，2012 年以来，全社会固定资产投资额规模逐年上升，但增长速度整体呈下降趋势，平均增长率为 8.71%。生产性服务业各行业固定资产投资规模整体呈逐年增加趋势，但增长率均出现较强的波动性，部分行业在个别年份表现为负增长。除金融业外，其他行业增长率均高于全社会平均水平，说明生产性服务业整体发展势头较为强劲，也反映了投资者对生产性服务行业的发展前景持乐观态度。

表5-1　分行业固定资产投资增长率

单位：%

年份	全社会	交通运输、仓储和邮政业	信息传输、软件和信息技术服务业	金融业	租赁和商务服务业	科学研究和技术服务业
2012	20.65	11.22	23.78	44.65	38.90	47.39
2013	19.43	17.64	14.62	34.42	25.13	26.56
2014	15.04	18.06	33.00	9.74	35.39	34.66
2015	10.04	14.19	34.45	0.31	18.64	12.62
2016	8.14	9.50	14.54	-4.17	30.52	17.18
2017	5.90	14.09	10.58	-14.40	8.03	6.55
2018	5.91	3.94	4.05	-13.09	14.24	13.56
2019	5.41	3.35	8.60	10.38	15.75	17.85
2020	2.90	1.40	18.70	-13.30	5.00	3.40
2021	4.90	1.60	-12.10	1.90	13.60	14.50
2022	5.13	9.10	21.80	10.50	14.50	21.00
2023	2.97	10.50	13.80	-11.90	9.90	18.10
平均增长率	8.71	9.40	14.82	3.14	18.69	18.92

科学研究和技术服务业固定资产投资规模保持了较快的增长速度，平均增长率为18.92%，科学研究和技术服务业作为创新驱动发展的关键领域，其固定资产投资规模的快速增长反映了我国对这一行业的高度重视和持续投入，这种投入不仅有助于提升我国的科技创新能力，还能推动产业升级和转型，为经济的高质量发展提供有力支撑。也预示着科学研究和技术服务业在未来具有广阔的发展前景和巨大的市场潜力。

租赁和商务服务业，信息传输、软件和信息技术服务业的平均增长率也比较高，分别为18.69%和14.82%。金融业固定资产投资平均增长率仅3.14%，且增长率波动很大，在2016—2018年和2020年均出现负增长。金融业的固定资产投资往往与宏观经济状况密切相关，当经济处于增长期时，企业和个人对金融服务的需求增加，金融机构可能会扩大业务规模，增加固定资产投资。相反，在经济衰退期，金融需求可能减少，导致固定资产投资下降。同时也容易受到政策与监管、市场心理与情绪、行业内部以及国际与地区等因素的综合影响。

三、企业规模

图5-2展示了生产性服务业法人单位数的基本情况。2012年以来，我国生产性服务业法人单位数呈增加趋势，生产性服务业总体法人单位数从2012年的170万个增长到2022年的975万个。生产性服务业法人单位数的快速增加，表明市场对这类服务的需求在增长。越来越多的企业需要依赖外部的专业服务来支持其生产活动，如供应链管理、市场营销、技术研发等，这种需求的增长为生产性服务业提供了广阔的发展空间。同时也表明，我国经济正在从传统的制造业向更加高效、附加值更高的服务业转型，特别是那些为生产过程提供服务的行业，如金融、物流、信息技术等。

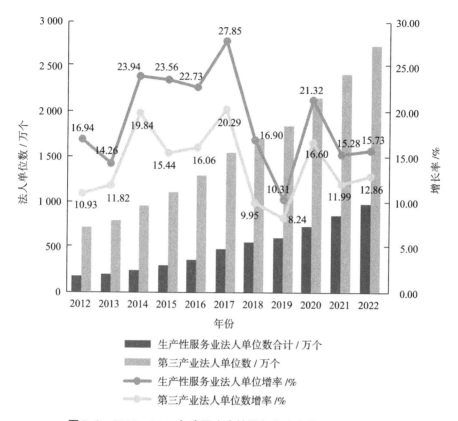

图5-2　2012—2022年我国生产性服务业法人单位数及增长率

　　从增长率看，生产性服务业法人单位数增长速度波动较大，2017年增长率为27.85%，增速最快，2018—2019年快速下滑，2020年后有所回升。相比而言，2012—2022年生产性服务业法人单位数增速均高于第三产业，反映了第三产业内部结构正在进行调整，传统服务业可能面临一定的挑战，而生产性服务业等新兴服务业则呈现出强劲的增长势头。随着企业对于供应链管理、技术研发、市场营销等外部专业服务的需求不断增加，生产性服务业迎来了前所未有的发展机遇，这种趋势有助于推动经济的高质量发展，提升经济整体的竞争力和创新能力。

第二节　生产性服务业异质性分析

一、生产性服务业发展结构

图5-3反映了我国增加值规模结构的基本情况。2011—2022年，我国生产性服务业增加值呈逐年增加的趋势。生产性服务业增加值占国内生产总值比重由16.4%增长到21.9%，整体呈相对稳定的上升趋势，对国民经济的贡献率不断提升，但总体占比并不高，具体数据如图5-3所示。

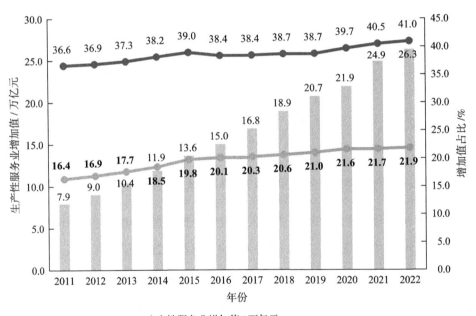

图5-3　2011—2022年我国生产性服务业增加值及占比

这表明我国生产性服务业规模在扩大的同时，其对第三产业和GDP的拉动作用并不充分，仍具有广阔的发展空间。生产性服务业增加值占第三产业比重由36.6%增加到41.0%，具体而言，表现为"上升—下降—上升"的阶段性变化，由2012年的36.6%上升到2015年的39.0%后，出现短暂下滑，之后，由2017年的38.4%上升到2022年的41.0%，对第三产业的拉动作用不断增强。

从法人单位数结构角度，如图5-4所示，2012—2022年我国生产性服务业法人单位数整体呈增加趋势，占第三产业比重由23.6%增加到35.6%。占全社会比重也逐年上升，到2022年，生产性服务业法人单位数占全社会总量的26.2%。

图5-4 2012—2022年我国生产性服务业法人单位数占比结构

二、生产性服务业行业异质性分析

（一）产出规模行业异质性

结合图5-5和表5-2，分析生产性服务业增加值、占比及增长速度。根据图5-5计算各细分生产性服务业增加值占第三产业增加值比重，可知，2022年，生产性服务业增加值占第三产业增加值比重约40.97%，占国内生产总值比重约21.86%。各行业增加值也呈逐年增长趋势，其中，金融业规模最大，占第三产业比重约14.51%，但增长速度基本呈下降趋势（表5-2）。金融业作为生产性服务业的重要组成部分，其增加值规模最大，直接体现了该行业对经济的重要贡献。金融业通过提供金融服务，如资金融通、风险管理、支付结算等，支持了实体经济的发展，促进了资源的有效配置，从而推动了整体经济的增长。同时，增加值规模大，说明金融业已经形成了较为完整的产业链和多元化的业务体系，能够满足不同企业和个人的金融需求。这种成熟度不仅体现在金融服务的种类和数量上，还体现在金融服务的质量和效率上。

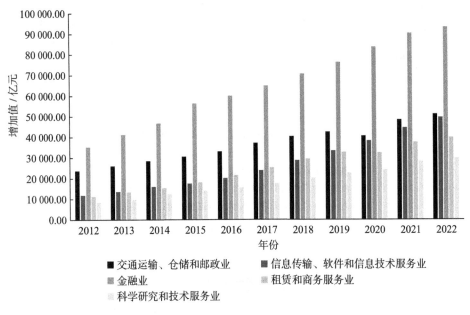

图5-5　2012—2022年我国生产性服务业增加值

交通运输、仓储和邮政业增加值由2012年的23 754.75亿元增长到2022年的51 076.94亿元，占第三产业比重为7.95%。随着经济的发展和人民生活水平的提高，市场对交通运输、仓储和邮政业的需求日益增加。无论是企业间的货物运输、仓储管理，还是个人生活中的邮件寄送、快递服务等，都离不开这些行业的支持。这种广泛且持续的市场需求为交通运输、仓储和邮政业的快速发展提供了有力保障。交通运输、仓储和邮政业的增加值规模体现了其作为生产性服务业的基础行业的稳固地位。交通运输、仓储和邮政业的稳定增长及技术进步，为其他生产性服务业以及整个经济体系提供了必要的物流支持和信息传递服务，是现代经济不可或缺的一部分。

表5-2　2012—2022年我国生产性服务业增加值增长率

单位：%

年份	行业						
	第三产业	生产性服务业整体	交通运输、仓储和邮政业	信息传输、软件和信息技术服务业	金融业	租赁和商务服务业	科学研究和技术服务业
2012	13.29	14.09	8.80	15.89	14.70	19.00	18.71
2013	13.53	14.95	9.60	14.83	17.06	18.64	16.52
2014	11.75	14.27	9.47	17.64	13.29	14.80	25.82
2015	12.58	14.90	7.08	9.89	20.65	18.42	13.36
2016	11.75	10.07	8.22	14.88	6.51	19.01	10.85
2017	12.16	12.30	12.39	18.31	8.14	17.39	13.32
2018	11.71	12.36	8.66	20.68	8.89	16.60	15.65
2019	9.33	9.53	5.28	16.21	7.99	10.76	12.14
2020	3.10	5.65	-4.44	14.53	9.66	-0.52	6.82
2021	11.32	13.61	19.32	16.38	8.00	15.45	16.54
2022	4.60	5.80	5.48	11.14	3.30	6.08	5.58

从细分行业增长速度看，信息传输、软件和信息技术服务业增加值由11 799.51亿元增加到49 470.00亿元，年均增长率约为17.26%，增长率最快；科学研究和技术服务业增加值由8 356.36亿元增加到29 735.44亿元，年均增长率约15.15%；租赁和商务服务业增加值由11 215.49亿元增加到39 764.40亿元，年均增长速度约15.10%，与科学研究和技术服务业接近；金融业增加值由30 678.24亿元增加到932 85.31亿元，年均增长率为11.44%；交通运输、仓

储和邮政业增加值由 23 754.75 亿元增加到 51 076.94 亿元，年均增长速度为 8.88%，增长速度最慢。

（二）法人单位数行业异质性

根据表 5-3 中数据，计算各细分行业法人单位数占全社会比重及占第三产业的比重。结合具体法人单位数规模、占比及表 5-4 中法人单位数增长率等数据，发现各细分生产性服务行业法人单位数均呈现逐年增长的趋势，其中，租赁和商务服务业法人单位数规模最大，由 2012 年的 81.39 万个增加到 2022 年的 443.24 万个，占全社会比重约 11.92%，占第三产业比重约 43.56%。说明租赁和商务服务业在当前经济体系中具有较高的活力，正不断满足企业和个人在生产、经营、管理等方面的需求，显示出强劲的发展潜力。也说明我国呈现出产业分工细化和轻资产化的趋势。制造企业更倾向于将非核心业务（如法律、会计、咨询、人力资源等）外包，推动商务服务业需求增长，催生了更多的专业化法人单位。

表 5-3 2012—2022 年我国生产性服务业细分行业法人单位数

单位：万个

年份	全社会总计	生产性服务业合计	交通运输业、仓储和邮政业	信息传输、软件和信息技术服务业	金融业	租赁和商务服务业	科学研究和技术服务业
2012	1061.65	170.18	24.98	24.57	6.76	81.39	32.49
2013	1125.83	194.46	26.20	22.61	8.37	91.70	45.58
2014	1370.14	241.00	32.30	28.92	9.16	116.19	54.43
2015	1572.92	297.79	37.87	38.78	10.97	144.06	66.10
2016	1819.14	365.48	44.33	50.77	12.25	176.80	81.33
2017	2200.91	467.25	54.10	71.92	13.51	224.21	103.52
2018	2348.10	546.19	57.72	91.99	13.79	255.13	127.56
2019	2528.02	602.49	62.96	104.74	13.17	282.54	139.07
2020	2938.93	730.94	74.80	128.55	14.25	339.50	173.83

年份	全社会总计	生产性服务业合计	交通运输、仓储和邮政业	信息传输、软件和信息技术服务业	金融业	租赁和商务服务业	科学研究和技术服务业
2021	3286.70	842.65	85.84	148.81	14.98	387.65	205.38
2022	3716.96	975.17	97.31	174.71	15.99	443.24	243.91

表5-4 2012—2022年我国生产性服务业细分行业法人单位数增长率

单位：%

年份	全社会总计	生产性服务业总体	交通运输、仓储和邮政业	信息传输、软件和信息技术服务业	金融业	租赁和商务服务业	科学研究和技术服务业
2012	10.66	16.94	13.75	17.62	21.69	18.37	14.50
2013	6.04	14.26	4.89	−7.96	23.90	12.67	40.27
2014	21.70	23.94	23.28	27.89	9.42	26.72	19.42
2015	14.80	23.56	17.23	34.13	19.79	23.98	21.44
2016	15.65	22.73	17.06	30.90	11.67	22.73	23.03
2017	20.99	27.85	22.03	41.66	10.25	26.82	27.29
2018	6.69	16.90	6.70	27.91	2.12	13.79	23.22
2019	7.66	10.31	9.08	13.86	−4.49	10.74	9.03
2020	16.25	21.32	18.81	22.73	8.16	20.16	24.99
2021	11.83	15.28	14.76	15.76	5.14	14.18	18.15
2022	13.09	15.73	13.36	17.41	6.73	14.34	18.76

其次为科学研究和技术服务业，到2022年，法人单位数为243.91万个，占全社会比重约6.56%，占第二产业比重约23.97%。同时，科学研究和技术服务业近两年增长率也比较高，为18%左右。说明科学研究和技术服务业近几年得到了快速增长，随着科技的不断进步和创新驱动发展战略的深入实施，越来越多的企业和机构投入科学研究和技术服务领域。同时也说明随着信息化、智能化等技术的普及和应用，各行各业对科学研究和技术服务的需求越来越广泛。

信息传输、软件和信息技术服务业法人单位数增长速度仅次于科学研究和技术服务业，平均增长率约26.62%，2022年法人单位数约174.71万个，占全社会比重约4.7%，占第三产业比重约17.17%。随着数字化、信息化和智能化的不断推进，信息传输、软件和信息技术服务业正蓬勃发展。法人单位数的快速增长意味着信息传输、软件和信息技术服务业内企业在技术创新和升级方面取得了显著进展。这些创新不仅提升了行业的技术水平，也为其他行业的数字化转型提供了有力支持。

三、生产性服务业空间异质性分析

通过比较各省份生产性服务业固定资产投资增长率，大致可以看出发展前景较好的省份（表5-5）。辽宁、吉林在交通运输、仓储和邮政业的固定资产投资增长率最高，在30%以上；内蒙古、河北、北京在信息传输、软件和信息技术服务业固定资产投资增速最高；金融业固定资产投资则在云南、陕西、福建得到快速增长。科学研究和技术服务业在重庆、贵州、海南的固定资产投资增长率在90%以上。

表5-5　2022年我国固定资产投资增速空间异质性

单位：%

	交通运输、仓储和邮政业		信息传输、软件和信息技术服务业		金融业		租赁和商务服务业		科学研究和技术服务业	
排名前五地区	辽宁	48.3	内蒙古	39.5	云南	258.8	河北	90.5	重庆	144.8
	吉林	43.9	河北	38.4	陕西	112.8	云南	59.4	贵州	95.8
	江苏	29.5	北京	36.0	福建	73.6	福建	58.2	海南	90.3
	湖南	25.9	宁夏	34.4	北京	41.3	辽宁	46.4	辽宁	89.2
	安徽	22.5	重庆	33.2	四川	33.5	黑龙江	45.2	西藏	65.9
排名后三地区	新疆	-9.7	海南	-26.9	内蒙古	-66.7	宁夏	-51.3	新疆	-24.4
	云南	-11.2	西藏	-30.7	西藏	-86.4	西藏	-57.1	甘肃	-32.1
	西藏	-38.6	天津	-33.5	重庆	-95.5	海南	-57.4	青海	-61.6

比较各地市就业人员数，广东省生产性服务业就业人员数最多（表5-6），约425.9万人。从表5-6可以看出，广东省的五大生产服务行业就业人员数均排名前三。广东省通过出台一系列优惠政策和措施，鼓励生产性服务业的发展，使得广东省逐渐从以传统的制造业为主转向服务业与制造业并重，市场对生产性服务的需求不断增加，如研发设计、品牌营销、物流配送等，为生产性服务业提供了广阔的发展空间。广东省生产性服务业就业人数最多，也说明了该地区吸引了大量高素质人才，为广东省的经济发展提供了强有力的智力支持。

表5-6　2022年我国生产性服务业就业人员数空间异质性

单位：万人

	交通运输、仓储和邮政业		信息传输、软件和信息技术服务业		金融业		租赁和商务服务业		科学研究和技术服务业	
排名前五地区	广东	80.0	北京	100.9	广东	79.0	广东	130.6	北京	62.4
	北京	52.4	广东	83.9	北京	58.6	上海	79.2	广东	52.4
	山东	45.3	上海	54.4	山东	57.7	浙江	73.0	上海	38.4
	上海	44.8	江苏	35.1	浙江	44.2	北京	70.2	江苏	28.1
	江苏	42.0	浙江	34.4	江苏	40.4	江苏	44.2	四川	24.5
排名后三地区	青海	4.8	西藏	1.2	宁夏	3.6	西藏	1.7	青海	1.9
	宁夏	4.1	宁夏	1.0	青海	2.6	宁夏	1.3	宁夏	1.6
	西藏	2.2	青海	1.0	西藏	1.9	青海	1.3	西藏	1.1

注：因数据获取条件限制，表中就业人数为城镇非私营单位就业人员年末人数。

北京市生产性服务业就业人数为344.5万人，全国排名第二。具体看，北京市信息传输、软件和信息技术服务业、科学研究和技术服务业就业人数最多。信息传输、软件和信息技术服务业是北京市的支柱产业之一，对经济增长的贡献显著。如百度、京东、字节跳动等信息技术企业和研发机构的聚集，为信息传输、软件和信息技术服务业提供了大量的就业机会。科学研究和技术服务业是北京市科技创新的重要力量，推动了众多科研成果的转化和应用。众多的高校、科研院所和科技企业孵化器，为科学研究和技术服务业提供了良好的创新环境和条件。

其次是上海、浙江，生产性服务业就业人数分别为251.6万人、207.2万人。上海市租赁和商务服务业就业人数为79.2万人，其次为信息传输、软件和信息技术服务业（54.4万人）。浙江省租赁和商务服务业就业人数为73.0万人，金融业就业人数为44.2万人。

第三节　生产性服务业发展效率分析

一、劳动效率

选择人均增加值指标对生产性服务业的劳动效率进行分析。人均增加值是指总增加值除以平均人数，在一定程度上可以反映一个行业的人均产出水平。人均增加值越高，意味着员工在单位时间内创造的价值更高，劳动生产率也更高。

由图5-6可知，从人均增加值变动趋势看，生产性服务业人均增加值整体呈现上升趋势，金融业人均增加值波动较大，在2016年和2019年出现轻微下滑，2020年后逐年上升。信息传输、软件和信息技术服务业，科学研究和技术服务业人均增加值在2013—2022年呈现匀速上升趋势。

从人均增加值看，金融业人均增加值最高，其次为信息传输、软件和信息技术服务业，说明这两个行业能够以较少的劳动力投入产出较多的价值。

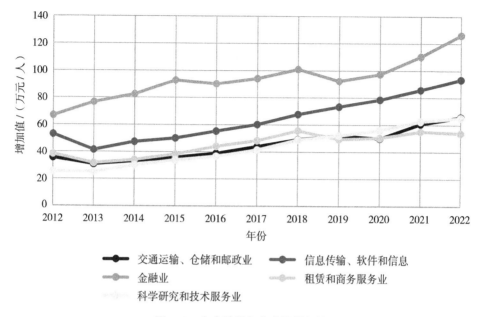

图5-6　生产性服务业人均增加值

二、资本效率

选择固定资产投资实现增加值对生产性服务业的资本效率进行分析。增加值/固定资产投资，这一比例可以反映单位固定资产投资所能带来的增加值，比率越高，说明每单位固定资产投资所创造的价值越多，对经济的推动作用越强。以2011年为基期，分别采用第三产业增加值指数和固定资产投资价格指数进行平减，得到不变价计算的增加值和固定资产投资额，进而求得生产性服务行业固定资产投资对增加值的贡献大小。从图5-7可以看出，金融业资产贡献率最高，2012—2013年呈现波动上升趋势，远超其他生产性服务行业。信息传输、软件和信息技术服务业每亿元固定资产投资额实现增加值在4亿元附近波动，科学研究和技术服务业、租赁和商务服务业、交通运输仓储和邮政业每亿元固定资产投资额实现增加值则在0.6亿~3亿元。

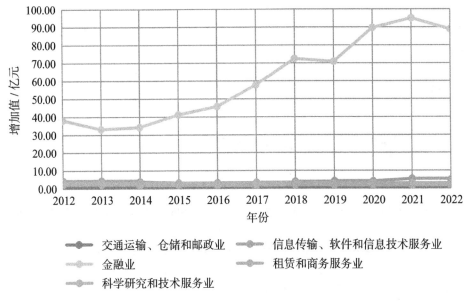

图5-7　生产性服务行业每亿元固定资产投资实现增加值

第六章 制造业与生产性服务业耦合协调度模型构建

数字化、智能化浪潮下，通过大数据、云计算等先进技术的广泛应用，制造业的生产流程得以优化升级，实现了从设计、制造到服务的全生命周期智能化管理；生产性服务业也借助数字化手段，提升了服务效率与质量，为制造业提供更加精准、高效的支持。这种融合有效地提高了制造业基本生产运营效率和资源配置效率，促进了产业链上下游的紧密协作，还推动了新业态、新模式的不断涌现，为经济发展注入了新活力与动力。

深化制造业与生产性服务业融合需要我们对制造业与生产性服务业间协调互动以及融合的实际状况有一个科学、合理的认识，因此量化研究就显得极为重要。在这一节中，本书将科学地选择测度方法，通过构建合理的指标体系，对我国制造业与生产性服务业融合水平及时空演化发展趋势进行测算和分析。

第一节 产业融合度测算方法

随着对产业融合问题研究的不断深入，对产业融合内涵的探讨日益科学及全面，产业融合的测度方法也变得更为多样且行之有效，但这些测度方法各有千秋，目前尚未出现具有权威性的集大成者。目前，测度产业融合度的主流方法大致可归为以下三类：

一、以技术融合近似替代产业融合的方法

技术融合引领了产业融合的发展，内森·罗森伯格（1963）最早观察出，通用机器制造技术的多行业渗透和融合，模糊了产业界限，催化和衍生了产业融合。技术融合是产业融合的共性和前提。基于这一事实，国内外一些学者尝试利用产业专利技术数据，计算赫芬达尔指数、专利相关系数等，从而通过衡量技术融合度来近似替代产业融合度。

（一）赫芬达尔指数法（HHI）

HHI 的应用范围较广，常将其用于测算产业集聚度、市场集中度等，也有学者对该指数进行修正，用来测算产业的多样化集聚，如陈劲等（2013）。其基本的计算公式为

$$\text{HHI} = \sum_{i=1}^{n} S_i^2 = \sum_{i=1}^{n} (X_i/X)^2 \tag{6-1}$$

X 可以是产值、增加值、就业人数等，不同的取值其测度的含义不同。在测度技术融合度中，X 表示的是所有样本企业的专利总量，X_i 是企业 i 的与之相融合产业相关的专利量，此处的值越大表明技术融合度越大，反之则越小。甘巴德拉（1998）在研究美国的计算机、电子通信设备、电子元器件等电子信息产业内部的技术融合时，使用赫芬达尔指数测算了不同产业间技术融合，近似估计产业融合程度。需要指出的是，HHI 指数法采用的是企业级的专利数据，其难以准确反映行业层面的技术融合。铃木（2004）调查了两家大型日本公司的专利数据，在此基础上根据赫芬达尔指数度量技术型公司的融合发展水平。

（二）专利系数法

专利相关系数的计算往往采用的是行业级专利数据，进而能相对准确地反映行业间的技术融合。我国学者单元媛等（2013）、沈蕾等（2015）使用了

该方法，分别测算了制造业与电子信息业、科技服务业的技术融合。

现阶段，使用技术融合度近似替代产业融合度的做法较少，一方面受限于细分产业专利技术数据较低的可获取性，另一方面，是产业融合的内涵在不断扩容，使得技术融合已不足以替代产业融合。

二、基于投入产出表的中间投入系数法

通过计算中间投入率，即某一产业部门生产过程中所耗费的其他产业部门的投入占该产业部门总投入的比重，反映产业间的关联，关联度越强的产业融合程度越高。因而依据此项联系，将其视为度量产业融合度的方法，且目前已成为使用较为广泛的方法，汪芳等（2015）、刘斌等（2016）学者皆是利用该方法测量的产业融合度，其测算主要利用的是统计部门公布的投入产出表，且不同的中间投入系数所反映的产业关联的内容不同。中间投入率和中间需求率分别反映某行业对其他行业的依赖程度和带动能力。前向关联效应是指某产业的发展变化对下游产业的影响，后向关联效应与前向关联效应是相对而言的，是指产业的发展变化对后向关联部门带来的变化，关联效应的大小可以通过感应系数来衡量，感应系数越大，产业前后向联系越密切。以上指标与产业融合度均呈正相关关系。其他测算指标包括直接消耗系数、间接消耗系数、感应度系数和影响力系数。

中间投入率是指，i 产业部门生产所耗费的其他产业部门的投入占该产业部门总投入（中间投入+增加值）的比重。该比值越大，说明 i 产业自身的附加价值率越低，i 产业附加价值的提升较大程度依赖于其他产业。

中间需求率是指，其他产业部门对 i 产业部门的需求占整个国民经济对 i 产业部门总需求（中间需求+最终需求）的比重。该比值越大，说明 i 产业对其他产业部门提供的生产资料越多，对其他产业的制约程度越强，相反地，则说明 i 产业部门的产品更多地趋向于最终产品的属性。

直接消耗系数是指，在不考虑通过其他产业部门间接消耗的来自 i 部门的产品或服务的条件下，j 产业部门对 i 产业部门的直接消耗占 j 产业部门总产出的比重，可以用 a_{ij} 表示。

完全消耗系数，是考察 j 产业部门对 i 产业部门的所有消耗，包括直接消耗和 j 产业部门通过其他部门对 i 产业部门的所有间接消耗，其计算公式如式（6-2）所示。k_{ij} 是 j 产业对 i 产业的完全消耗，既包括 j 产业对 i 产业的直接消耗 a_{ij}，还包括其他 n 个产业对 i 产业的完全消耗进而投入到 j 产业的那部分间接消耗。相比较而言，完全消耗系数能更加全面地反映产业间的经济技术关联。

$$k_{ij} = a_{ij} + \sum_{e=1}^{n} k_{ie} a_{ej} = a_{ij} + \sum_{e=1}^{n} a_{ie} a_{ej} + \sum_{f=1}^{n} \sum_{e=1}^{n} k_{if} a_{fe} a_{ej} \qquad (6\text{-}2)$$

感应度系数反映的是，其他产业均增加或减少一单位产品的生产时，会对 i 产业部门的需求产生变化，而变化的程度即是 i 产业部门受到其他产业需求的感应度，其计算公式如式（6-3）所示。式中，分子是列昂惕夫逆矩阵第 i 行的加总值，分母是所有各行加总后的平均值，当 $G_{B_i} > 1$ 时，表明 i 产业受到其他产业需求的感应度大于所有产业的平均水平；当 $G_{B_i} < 1$ 时，表明 i 产业受到其他产业需求的感应度低于产业平均水平；$G_{B_i} = 1$ 时，表明 i 产业受到其他产业需求的感应度等于平均水平。

$$G_{B_i} = \frac{\sum_{j=1}^{n} b_{ij}}{\frac{1}{n} \sum_{i=1}^{n} \sum_{j=1}^{n} b_{ij}} \qquad (6\text{-}3)$$

影响力系数反映的是，j 产业部门增加或减少一单位产品的生产时，会对其他产业部门的中间投入产生影响，影响的程度即是其他产业受到 j 产业部门供给的波及度，其计算公式如式（6-4）所示。式中，分子表示的是列昂惕夫逆矩阵第 j 列的加总值，分母是所有各列加总后的平均值，当 $G_{F_j} > 1$ 时，表明 j 产业对其他产业中间投入的波及度大于所有产业的平均水平；$G_{F_j} < 1$ 时，表

明 j 产业对其他产业中间投入的波及度低于产业平均水平；$G_{F_j} = 1$ 时，表明 j 产业对其他产业中间投入的波及度等于平均水平。

$$G_{F_j} = \frac{\sum_{i=1}^{n} b_{ij}}{\frac{1}{n} \sum_{j=1}^{n} \sum_{i=1}^{n} b_{ij}} \tag{6-4}$$

中间投入系数法测度产业融合的方法虽已被广泛采用，但是由于该方法所使用的投入产出表的编制在年份上不连续[●]，故而在使用时存在较大的局限性。WIOD 数据库提供了包括中国在内的 43 个国家和地区 2000—2014 年的投入产出表，时间上的连续性使其被频繁使用，但是该数据是针对国家层面编制的，不能用于国家层级以下地区的产业关联问题的研究；我国的《中国地区投入产出表》及《中国区域间投入产出表》时间上的间断仍然客观存在，且各省份的投入产出表更新情况不统一。综上，数据的不全面及不连续，使得中间投入系数法在产业融合度测算方面受到一定的限制，不能反映产业融合的动态变化特征。

三、耦合评价模型

耦合评价模型法是将系统学中的耦合理论运用到产业融合的研究中，利用耦合评价模型测度不同行业、不同系统之间的相互依赖程度，即产业之间的耦合度和耦合协调度。通过使用该方法，陶长琪等（2015）测算了信息产业与制造业的耦联，分析两业耦联对产业结构升级的影响；李晓钟等（2016）测算了电子信息产业与汽车产业的耦合协调度；贺正楚等（2015）构建生产服务业与专用设备制造业耦合发展模型对两产业融合互动程度进行了测量；翁钢民、李凌雁（2016）运用耦合协调度模型实证分析了全国 31 个省份多年来的产业融合变动趋势。

[●] 投入产出表的编写比较复杂，我国基本上是以尾数逢2、逢7的年份编制投入产出表，尾数逢0、逢5的年份编制投入产出表的延长表，时间节点不连续。

耦合评价模型能够反映产业之间的相互依赖、相互促进、相互协调的关联关系，且数据搜寻相对容易，具有较强的适应性。其测算过程大致可以分为三步，以产业A和产业B的耦合为例。

第一步，构建子系统A和子系统B的评价指标体系。在评价前，需要对指标进行无量纲化处理，将指标的取值范围控制在[0,1]。

第二步，确定子系统指标的权重。通常采用熵值法、德尔菲法等来确定。

第三步，计算耦合关联度和耦合协调度。一般来说，耦合协调度值越大，产业间融合度越高。

根据前文分析可知，制造业与生产性服务业是在不断的耦合协调发展中加深产业融合度，由无序向有序演变的关键，就在于系统内部各因素的耦合协调作用，即各生产要素紧密配合、相互影响，这与融合互动发展的机理不谋而合，唯一的差别在于，产业融合会导致产业边界的模糊甚至消除，可以说，融合互动是产业耦合在发展中后期的主要形式。本书从省级层面对我国制造业与生产性服务业融合程度的时空演变过程进行测度，鉴于耦合分析方法的有效性和可操作性，参考和借鉴相关学者对产业耦合的研究，构建产业融合度测度模型，作为衡量制造业与生产性服务业融合发展水平的分析工具。

第二节　产业耦合协调度模型构建

一、构建指标体系矩阵

建立产业发展水平评价指标体系，形成指标体系矩阵 X_{ij}（其中，i 表示第 i 个评价地区，j 表示第 j 个评价指标）。

$$X = \begin{bmatrix} x_{11} & \cdots & x_{1j} \\ \vdots & \ddots & \vdots \\ x_{i1} & \cdots & x_{ij} \end{bmatrix} \tag{6-5}$$

二、利用熵权法确定指标权重

熵值法是一种客观的赋权方法，其中信息的熵值被用来衡量信息系统中信息的无序程度；信息的熵值越高，信息的无序程度越高，信息的有用性越低。在综合评价中，熵值法对指标权重进行客观赋值，能够有效避免人为的主观影响，因此成为学者们比较常用的客观赋权法。具体计算步骤如下：

（1）对数据进行标准化处理。由于指标体系中各个指标的数量级与单位都不同，无法一起进行比较，因此需要通过数据标准化来消除这种差异，若指标中同时存在正向与负向指标，则有不同的标准化公式，具体如下：

$$\begin{cases} u_{ij} = \dfrac{x_{ij} - \min\{x_j\}}{\max\{x_j\} - \min\{x_j\}}, x_{ij}\text{为正向指标} \\\\ u_{it} = \dfrac{\max\{x_j\} - x_{ij}}{\max\{x_j\} - \min\{x_j\}}, x_{ij}\text{为负向指标} \end{cases} \tag{6-6}$$

其中，u_{ij} 代表 i 省份 j 指标标准化后的数据，x_{ij} 代表原始数据，表示 i 省份 j 指标的值，$\max\{x_j\}$ 与 $\min\{x_j\}$ 分别代表 j 指标的最大值与最小值。

（2）对标准化数据进行平移。为了避免直接取对数后影响计算结果，对 u_{ij} 进行数据平移，公式如（6-7），其中 ω 取 0.0001。将平移后的数据进行归一化，如公式（6-8）所示。

$$v_{ij} = u_{ij} + \omega \tag{6-7}$$

$$p_{ij} = \frac{v_{ij}}{\sum_{i=1}^{m} v_{ij}} \tag{6-8}$$

（3）计算各个指标的信息熵，其中 $k = (\ln m)^{-1}$

$$e_j = -k \sum_{i=1}^{m} p_{ij} \ln p_{ij} \tag{6-9}$$

（4）确定各个指标的权重。如公式（6-10）所示。

$$w_j = \frac{1 - e_j}{\sum_{j=1}^{n} 1 - e_j} \tag{6-10}$$

三、建立产业耦合协调度模型

（1）计算产业综合发展指数。将各产业标准化数据带入计算所得的指标体系权重中，计算得到生产性服务业和制造业的综合发展指数。

$$z_{ij} = \sum_{j=1}^{n} w_j u_{ij} \tag{6-11}$$

（2）建立耦合度模型，计算制造业与生产性服务业耦合度。制造业与生产性服务业耦合度，在一定程度上反映制造业与生产性服务业耦合关系。

$$C_i = 2\sqrt{A_i B_i} \big/ A_i + B_i \tag{6-12}$$

其中，A表示i省份制造业综合发展指数，B表示i省份生产性服务业综合发展指数。C表示i省份制造业与生产性服务业耦合协调程度，取值为$[0,1]$，C值越大说明制造业与生产性服务业耦合程度越高，反之，表示两者耦合程度较差。

（3）建立耦合协调度模型。耦合度C在一定程度上能反映制造业与生产性服务业之间的互动融合状态，但是在制造业综合发展水平与生产性服务业综合发展水平取值相近或者较低情形下，计算出的C值反而偏大，得到耦合度较高的伪评价结果。此外，尽管耦合度C可以体现产业融合趋势，却无法反映制造业与生产性服务业协同发展程度。因此，为准确反映制造业与生产性服务业间的融合水平，在耦合度模型基础上建立耦合协调度模型，对制造业与生产性服务业耦合度进行更加全面的测度。

$$D = \sqrt{C \times T} \tag{6-13}$$

$$T = \alpha A + \beta B \tag{6-14}$$

其中，D为制造业和生产性服务业耦合协调度，D越接近1，代表产业融合程度越高。T为两类产业综合评价指数，α和β分别反映了制造业和生产性服务业的贡献程度，且 $\alpha + \beta = 1$。

为保证研究结果的可对比性，借鉴唐晓华等（2018）的划分标准对两类产业融合发展水平进行评价。首先，总体上将融合水平分为三类：即 $(0, 0.4]$ 为不可接受区间；$(0.4, 0.6]$ 为过渡区间；$(0.6, 1]$ 为可接受区间。其次，再对三类区间进行更深层次划分。具体见表6-1。

表6-1 耦合协调度等级划分

区间类型	耦合协调度 D	融合水平等级
不可接受区间	$0 < D \leqslant 0.1$	极度失调
	$0.1 < D \leqslant 0.2$	严重失调
	$0.2 < D \leqslant 0.3$	中度失调
	$0.3 < D \leqslant 0.4$	轻度失调
过渡区间	$0.4 < D \leqslant 0.5$	濒临失调
	$0.5 < D \leqslant 0.6$	勉强融合
可接受区间	$0.6 < D \leqslant 0.7$	初级融合
	$0.7 < D \leqslant 0.8$	中级融合
	$0.8 < D \leqslant 0.9$	良好融合
	$0.9 < D \leqslant 1.0$	优质融合

第三节 制造业与生产性服务业综合发展评价指标体系的构建

一、指标体系的构建原则

通过梳理已有研究成果可知，学术界在对制造业与服务业融合进行量化研究时，往往使用单一指标或者构建评价指标体系两种方式。单一指标无法全面、系统展现制造业与生产性服务业融合的丰富内涵，构建综合指标体系便成为研究产业融合的不二选择。为更加全面和客观测度中国制造业与生产性服务业融合发展水平，在构建制造业与生产性服务业融合指标体系时需要综合考虑系统目标的结构、层次等方面。指标选择和体系构建应遵循以下原则。

第一，科学性和可行性结合的原则。在构建制造业与生产性服务业融合指标体系中，科学性原则不仅表现为能正确理解产业融合内涵以及指标体系设计的完整和系统性，还表现为指标选择的严密性和指标体系测算方法选择的准确性。指标选取要能最大程度反映出制造业与生产性服务业融合的基本内涵，在此基础上测算的结果才更接近于实际状况，为各市场行为主体提供客观真实的决策依据。受研究对象、研究视角等因素影响，已有文献在对产业融合的理解和指标体系构建上存在个体差异，甚至个别指标设计存在数据难以获取的情况，加大了对产业融合量化研究的难度。考虑到量化研究在深化制造业与生产性服务业融合过程中的重要性，本书在选择指标和评价体系构建时坚持科学性和可行性相结合原则，做到指标可量化、数据可查询和可测算，使制造业与生产性服务业融合指标测算结果更贴合实际。

第二，全面性和主导性结合的原则。产业融合内涵既丰富又广泛多元，因此要尽可能将影响制造业与生产性服务业融合的关键因素纳入进评价指标体系中，这样所构建的评价指标体系才具有更高的可信度和可以更真实、全面地反映制造业与生产性服务业融合状况。但是在构建制造业与生产性服务业融合的评价指标体系时，又显然不能将所有影响制造业与生产性服务业融合的因素置于分析框架中，虽然指标体系所包含的影响因素越多，内涵也越广泛，但针对性和主导性就会缺失，降低了指标构建的意义。所以本书在构建制造业与高技术服务业融合的指标体系时，还考虑到指标选取的全面性与主导性，坚持两者相结合的原则，选取既能涵盖产业融合内涵又具有代表性和高信息量的指标。

第三，动态和静态结合的原则。制造业与生产性服务业是一个动态演进的过程，因而关于制造业与生产性服务业融合水平的评价不仅要包括对过去某一地区某一时刻产业融合水平的评价，还要包含对当前产业融合状况的评价。因此，在构建制造业与生产性服务业融合评价体系指标选择时，既要考虑到静态指标的选择，以此反映制造业与生产性服务业融合的静态现状；还要考虑到选取能反映制造业与生产性服务业长期发展特征的行业指标，从而更生动地体现出制造业和生产性服务业融合发展水平的动态变化过程。为保证评价指标体系具有可延续性，本书在选取指标时遵循动态与静态结合的原则。

第四，整体性和层次性结合的原则。在构建制造业与生产性服务业融合指标体系时要做到整体和部分有机统一，即要做到整体性和层次性相结合。制造业与生产性服务业融合作为一个复杂但又统一的评价指标体系，其涉及产业规模、产业效益、成长潜力以及社会贡献等多个子系统，这些子系统之间既互相独立又互相联系，全面反映了制造业与生产性服务业融合的各方面特性，共同构成了制造业与生产性服务业融合评价指标体系。评价指标体系不仅要坚持整体性原则，还要突出层次性特征，不仅要突出评价指标体系与子系统间的层次性，子系统与其内部指标之间也要突出层次性，不同层次中的结构单元有着其特定的功能。因此要坚持整体性和层次性相结合的原则，以全面反映制造业与生产性服务业融合的层次结构及现实状况。

二、制造业与生产性服务业综合发展评价指标体系

根据耦合评价法的基本思路可知，测算制造业与生产性服务业融合的关键就在于找到合理反映制造业与生产性服务业综合发展水平的指标。在坚持制造业与生产性服务业融合指标体系构建原则的基础上，结合产业融合内涵、研究对象特征和耦合评价法基本思想，本书借鉴现有文献研究思路，从产业层面选取评价制造业与生产性服务业融合水平的相关指标（唐晓华 等，2018；梁红艳，2021），以此构建制造业与生产性服务业融合的指标体系。

基于全面性、可行性等原则，本书将从产业规模、产业结构、经济效益、成长潜力、社会贡献及环境约束六个方面评价制造业和生产性服务业综合发展水平，并在此基础上构建评价指标体系测算制造业与生产性服务业的融合水平。

（1）产业规模是实现制造业与生产性服务业融合的重要前提。产业规模可以通过改变关联产业间供需关系影响产业融合水平，如果关联的两个产业规模越庞大，那么相互间投入产出就会越频繁、生产要素供给和需求量也就越大，这就为两个产业通过供给和需求实现协调发展提供空间和平台。制造业规模越大，物质和人力资本也就越充沛，从生产性服务行业引进现代服务的能力越强；生产性服务业规模越庞大，其也就越有更雄厚的物质基础和人力资本进行创新和对服务进行规模化生产，因此产业规模越大越有利于产业间的互动融合。本书选取行业总产值、法人单位数量作为衡量制造业和生产性服务业产业规模的二级指标。由于2013年及以后的《中国工业统计年鉴》中不再统计制造业各细分行业的总产值数据，2019年后不再统计各细分制造行业的销售产值数据，考虑到研究的一致性，本书使用营业收入代替制造业总产值进行研究；生产性服务业的总产值则运用增加值进行替代。

产业结构是指制造业与生产性服务业分别在第二、第三产业中所占的比例。制造业与生产性服务业融合对产业结构的影响会体现在两者对第二、第三产业贡献率的变化上，所以两者的融合程度会体现产业结构的兼容性。本书选取制造业与生产性服务业对第二、第三产业的增加值占比、就业人数占比考察产业结构。

（2）产业经济效益是评价制造业与生产性服务业融合水平的第二个指标。经济效益不仅反映了目标产业技术水平以及成本比较优势，还表现为提升社会福利水平的能力。没有效益，产业实现高质量发展以及与关联产业进行融合就无从谈起，随着产业效益水平逐步向好，与产业融合相匹配的生产要素和制度环境也变好，有利于推动产业向更高发展水平迈进。如制造业经济效益越好，其通过引进技术进行融合模式创新和融合型产品研发的动力和能力也就越强。本书选取从业人员人均报酬和劳动生产率作为制造业和生产性服务业经济绩效的二级指标，从业人员人均报酬=产业工资总额/产业从业人数，劳动生产率=产业总产值/产业从业人数。

（3）产业成长潜力是评价制造业与生产性服务业融合水平的第三个指标。没有强劲的发展潜力，产业就无法获取维持自身持续性发展的动力，更不要说通过提升自身发展质量实现与其他产业间的融合，制造业与生产性服务业较强的发展潜力预示着产业较强的经济实力和未来广阔的市场发展空间，这些都是推动产业实现高质量发展和深化制造业与生产性服务业间融合的重要驱动力。本书选取增加值增长率、固定资产投资增长率作为制造业和生产性服务业成长潜力的二级指标，总产值增长率 =（当年产业总产值/前一年产业总产值 − 1）× 100%，固定资产增长率 =（当年固定资产投资额/前一年固定资产投资额 − 1）× 100%。

（4）社会贡献是评价制造业与生产性服务业融合水平的第四个指标。基于指标体系构建的全面性原则，社会贡献度是衡量产业综合发展水平的重要方面。衡量制造业或者生产性服务业综合发展水平不能只关注产业发展规模、经济效益和发展潜力，其社会价值也是体现产业是否健康发展的一项内容，只关注经济效益忽视社会贡献无法全面反映产业发展的综合水平，可能会导致融合结果出现偏差。本书选取税收总额、产值利税率和从业人员数量作为衡量制造业与生产性服务业社会贡献的二级指标，利税总额以产业税收收入表示，产值利税率=产业税收收入/产业总产值。

（5）环境约束是深化制造业与生产性服务业融合的内在要求。经济高质量发展不仅体现为物质财富的增长，还体现为生态环境的改善，同时生态环境又制约着经济发展，因此改善生态环境就是对生产力的再发展。制造业与生产性服务业的发展要注重提升资源利用效率、降低能耗和减少污染排放，只有这样才能进一步解放制造业和生产性服务业生产力，实现综合水平的提升和产业间的互动融合。环境约束选取从业人员人均工业二氧化硫排放量、从业人员人均工业废水排放量作为二级指标，从业人员人均工业二氧化硫排放量=工业二氧化硫排放总量/产业从业人员，从业人员人均工业废水排放量=工业废水排放总量/产业从业人员。

本书构建的产业融合发展水平评价指标体系以及指标选取见表6-2。

表6-2　制造业与生产性服务业综合发展评价指标体系

	一级指标	二级指标	单位	变量
制造业子系统	产业规模	制造业增加值	亿元	X_1
		制造业企业单位数	万个	X_2
	产业结构	制造业增加值占比	%	X_3
		制造业企业单位数占比	%	X_4
	经济效益	从业人员人均报酬	元	X_5
		劳动生产率	万元/人	X_6
	成长潜力	增加值增长率	%	X_7
		固定资产投资增长率	%	X_8
	社会贡献	利税总额	亿元	X_9
		产值利税率	%	X_{10}
		从业人员数量	万人	X_{11}
	环境约束	从业人员人均二氧化硫排放量	吨/人	X_{12}
		从业人员人均工业废水排放量	吨/人	X_{13}
生产性服务业子系统	产业规模	生产性服务业增加值	亿元	Y_1
		生产性服务业法人单位数	万个	Y_2
	产业结构	生产性服务业增加值占比	%	Y_3
		生产性服务业法人单位数占比	%	Y_4
	经济效益	从业人员人均报酬	元	Y_5
		劳动生产率	万元/人	Y_6
	成长潜力	增加值增长率	%	Y_7
		固定资产投资增长率	%	Y_8
	社会贡献	利税总额	亿元	Y_9
		产值利税率	%	Y_{10}
		从业人员数量	万人	Y_{11}
	环境约束	从业人员人均二氧化硫排放量	吨/人	Y_{12}
		从业人员人均工业废水排放量	吨/人	Y_{13}

三、数据来源与处理

（一）数据来源与处理

根据《国民经济行业分类》（GB/T 4754—2017），将二位数代码C13~C43区间内的31个行业界定为本书研究的制造业范围。根据《生产性服务业统计分类（2019）》对照统计年鉴划分标准并基于数据可获得性，将交通运输、仓储和邮政服务业（53-60），信息传输、软件和信息技术服务业（63-65），金融业（66-69），租赁和商务服务业（71-72），科学研究和技术服务（73-75）五大类作为生产性服务业。

本书选取2012—2022年我国31个省份（因数据获取原因，香港、澳门、台湾除外）的数据为研究样本，测算制造业与生产性服务业的融合水平。以2012年为起点的原因在于，制造业细分行业分类方式在2012年做了调整，一是将橡胶制品业和塑料制品业合并为橡胶和塑料制品业，二是将交通运输设备制造业调整为汽车制造业和铁路、船舶、航空航天和其他运输设备制造业。为了保证数据分析的一致性和可比性，本书实证部分的样本考查期从2012年开始。

原始样本数据主要来自《中国统计年鉴》《中国税务年鉴》《中国工业经济统计年鉴》《中国劳动统计年鉴》《中国环境统计年鉴》《中国固定资产投资统计年鉴》《中国第三产业统计年鉴》及各省统计年鉴。在缺失值处理方面，本书选择使用年均增长率或者插值法对缺失数值进行填补。表6-3和6-4对主要经济变量的描述统计特征进行了说明。

（二）综合发展指数计算

在熵值法基础上，根据综合发展指数计算公式，得出近十年我国制造业和生产性服务业的综合发展指数，并分别计算2012年、2016年、2022年各省份的制造业与生产性服务业综合发展指数（图6-1）。

表6-3 2012—2022年全国制造业与生产性服务业各变量描述性统计

		有效样本量	全距	极小值	极大值	均值	标准差
制造业	X_1	11	354 230.9	805 662.3	1 159 893.2	991 043.1	103 092.7
	X_2	11	227.7	225.2	453.0	325.7	73.1
	X_3	11	4.0	86.4	90.4	88.4	1.2
	X_4	11	22.6	59.0	81.6	72.1	8.0
	X_5	11	55 878.0	41 650.0	97 528.0	67 427.4	18 673.3
	X_6	11	8.0	11.6	19.6	15.5	3.3
	X_7	11	29.3	−8.7	20.6	4.5	8.1
	X_8	11	23.5	−2.2	21.3	9.2	7.1
	X_9	11	56 878.7	5 257.7	62 136.4	36 100.6	24 815.4
	X_{10}	11	5.7	0.6	6.3	3.6	2.4
	X_{11}	11	1 519.5	3 738.5	5 257.9	4 431.2	607.6
	X_{12}	11	0.4	0.1	0.5	0.2	0.2
	X_{13}	11	498.4	1 322.7	1 821.0	1 582.9	176.4
生产性服务业	Y_1	11	17 3018.2	90 313.9	263 332.1	172 328.2	58 273.2
	Y_2	11	805.0	170.2	975.2	494.0	271.7
	Y_3	11	4.1	36.9	41.0	38.8	1.2
	Y_4	11	12.6	23.6	36.1	30.0	4.5
	Y_5	11	84 744.9	67 418.6	152 163.6	104 332.1	27 274.4
	Y_6	11	40.0	41.0	81.0	59.1	13.3
	Y_7	11	9.3	5.7	15.0	11.6	3.4
	Y_8	11	18.0	3.4	21.4	11.7	6.1
	Y_9	11	1 225.1	2 041.1	3 266.2	2 850.0	378.4
	Y_{10}	11	35 047.7	10 420.2	45 467.9	27 436.0	14 128.2
	Y_{11}	11	9.7	10.1	19.8	15.0	4.0
	Y_{12}	11	1.0	0.1	1.0	0.4	0.4
	Y_{13}	11	1 338.1	2 016.9	3 355.0	2 475.6	402.4

表6-4 2022年全国制造业与生产性服务业各变量描述性统计

		有效样本量	全距	极小值	极大值	均值	标准差
制造业	X_1	31	168 682.9	133.6	168 816.5	37 156.1	40 913.4
	X_2	31	703 980.0	4 592.0	708 572.0	146 115.6	191 645.2
	X_3	31	68.3	26.5	94.9	79.3	15.9
	X_4	31	57.1	24.5	81.7	49.7	15.0
	X_5	31	114 740.0	67 584.0	182 324.0	96 710.0	22 707.8
	X_6	31	2 941.6	0.3	2 941.9	354.0	585.2
	X_7	31	68.7	−20.8	47.8	1.1	13.3
	X_8	31	93.3	−46.4	46.9	15.7	17.1
	X_9	31	7 115.3	6.5	7 121.8	1 787.0	1 837.9
	X_{10}	31	11.6	2.6	14.2	5.8	3.1
	X_{11}	31	780.6	1.6	782.2	120.6	156.9
	X_{12}	31	0.5	0.0	0.5	0.2	0.2
	X_{13}	31	5801.2	645.9	6 447.1	2 629.6	1 446.8
生产性服务业	Y_1	31	45 472.0	927.2	46 399.2	13 852.9	11 118.8
	Y_2	31	1 119 101.0	10 091.0	1 129 192.0	314 570.1	276 436.4
	Y_3	31	25.7	56.9	82.6	69.8	6.4
	Y_4	31	27.4	24.8	52.2	35.0	5.5
	Y_5	31	174 487.3	93 865.7	268 353.0	129 097.7	41 127.3
	Y_6	31	122.8	83.7	206.5	137.2	33.3
	Y_7	31	9.9	−0.2	9.7	6.3	2.2
	Y_8	31	83.7	−38.7	45.0	7.6	15.4
	Y_9	31	8 746.0	51.5	8 797.5	1 187.5	1 991.6
	Y_{10}	31	30.1	0.7	30.8	7.4	7.1
	Y_{11}	31	417.8	8.1	425.9	104.5	95.4
	Y_{12}	31	0.5	0.0	0.5	0.1	0.1
	Y_{13}	31	3 858.5	368.0	4 226.5	2 257.6	924.5

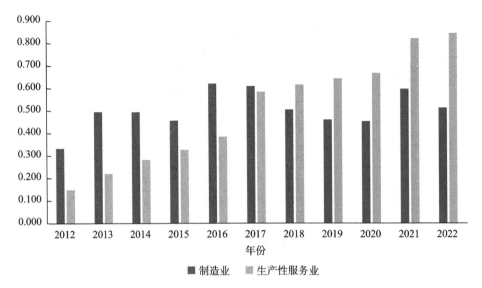

图6-1　2012—2022年制造业与生产性服务业综合发展指数

由图6-1可知，我国制造业与生产性服务业发展水平存在较大差异性和波动性，表现为，2017年以前，制造业强于生产性服务业，2017年以后，生产性服务业强于制造业。整体看，制造业的综合发展指数波动较大，尤其是在2016年和2021年有明显的上升，但随后又有下降趋势。生产性服务业的增长趋势非常明显，尤其是2017年和2021年增长幅度较大，整体呈上升趋势，指数从2013年的0.2202开始，几乎每年都在增长，除了个别年份增长幅度不同，没有明显的下降年份。一定程度上表明生产性服务业在经济中的比重和重要性在不断增加，而制造业则波动较大，可能面临更多的外部挑战，比如国际贸易摩擦、原材料价格波动、产能过剩等问题。

从制造业与生产性服务业指数增长的互动性看，制造业在2016年、2021年分别有一次高峰，而生产性服务业则是在2017年、2021年有一个较大的增长，说明生产性服务业作为制造业的支持产业，随着制造业的发展需求增加，服务业也随之增长，但存在滞后效应。但随后2022年制造业下降，而服务业仍继续增长，说明生产性服务业的增长可能不完全依赖于当期的制造业表现，还有其他因素驱动，比如政策支持、技术创新，或者服务业自身的发展动力。

表6-5为综合发展指数值，分析各行业总体发展趋势，由表可见，生产性服务业、信息技术服务业、租赁和商务服务业，以及科学研究和技术服务业的比例都有较为显著的增长，表明这些行业逐渐成为推动经济发展的主要力量。信息传输业指数接近制造业的1.7倍，标志着数字经济已成为经济主引擎（2022年中国数字经济规模达50.2万亿元，约占GDP的41.5%，其中信息传输业直接贡献超35%）。

科学研究和技术服务业在2019年后增速超过租赁和商务服务业，表明国家创新战略已初现效果。比如国家在2019年后推出的科技创新政策，如科创板设立、研发费用加计扣除比例提高等。同时，租赁和商务服务业可能受平台经济规范影响，增速放缓，比如反垄断措施导致扩张速度下降。

表6-5　我国制造业与生产性服务业综合发展指数

年份	制造业	生产性服务业整体	交通运输、仓储和邮政业	信息传输、软件和信息技术服务业	金融业	租赁和商务服务业	科学研究和技术服务业
2013	0.4952	0.2202	0.3277	0.1057	0.3148	0.1975	0.1890
2014	0.4942	0.2820	0.3641	0.1794	0.2966	0.2728	0.2956
2015	0.4558	0.3264	0.3497	0.1862	0.4417	0.3152	0.2388
2016	0.6205	0.3843	0.4462	0.3328	0.4339	0.4078	0.3334
2017	0.6091	0.5832	0.6225	0.5013	0.4967	0.6143	0.4706
2018	0.5041	0.6157	0.5774	0.5729	0.5094	0.7114	0.5742
2019	0.4595	0.6428	0.5964	0.6224	0.5954	0.7185	0.6225
2020	0.4525	0.6670	0.5809	0.7169	0.6406	0.7064	0.6585
2021	0.5970	0.8216	0.7489	0.7955	0.6494	0.8698	0.8253
2022	0.5122	0.8434	0.7533	0.8735	0.6457	0.8969	0.8593

制造业和交通运输等传统行业则在经历一定的波动后，整体呈现出一定程度的下降或稳定，可能与产业升级和结构调整有关，特别是在"中国制造

2025"等政策的影响下，制造业正在经历从低端制造向高端制造转型的过程。政策扶持新兴行业，同时引导传统行业向更环保、更高效的方向发展。

由表6-6可见，我国制造业整体呈现区域分化明显的特征。江苏、广东、山东、浙江稳居前列，2022年综合发展指数分别为0.670、0.846、0.464、0.531。其中广东增长趋势显著由2012年的0.726增长至2022年的0.846，长三角（江苏、浙江）地区略有波动。西部和边远地区发展薄弱，青海、宁夏、海南数值长期低于0.2。

表6-6 2012年、2016年、2022年各省份各行业综合发展指数

地区	2012年		2016年		2022年	
	制造业	生产性服务业整体	制造业	生产性服务业整体	制造业	生产性服务业整体
北京	0.301	0.768	0.235	0.891	0.207	0.825
天津	0.319	0.409	0.279	0.272	0.278	0.307
河北	0.303	0.243	0.259	0.176	0.285	0.253
山西	0.123	0.244	0.091	0.136	0.120	0.174
内蒙古	0.154	0.195	0.099	0.122	0.130	0.160
辽宁	0.352	0.341	0.205	0.152	0.234	0.191
吉林	0.223	0.207	0.190	0.126	0.170	0.135
黑龙江	0.180	0.253	0.134	0.128	0.128	0.142
上海	0.494	0.644	0.461	0.562	0.409	0.698
江苏	0.808	0.562	0.803	0.380	0.670	0.485
浙江	0.629	0.480	0.468	0.315	0.531	0.442
安徽	0.269	0.275	0.240	0.176	0.254	0.265
福建	0.372	0.292	0.289	0.203	0.265	0.260
江西	0.255	0.247	0.224	0.148	0.217	0.231
山东	0.669	0.380	0.538	0.272	0.464	0.351
河南	0.337	0.244	0.346	0.179	0.236	0.253
湖北	0.294	0.320	0.259	0.209	0.231	0.288
湖南	0.260	0.266	0.218	0.178	0.203	0.250

续表

地区	2012年		2016年		2022年	
	制造业	生产性服务业整体	制造业	生产性服务业整体	制造业	生产性服务业整体
广东	0.726	0.548	0.824	0.379	0.846	0.535
广西	0.170	0.236	0.162	0.138	0.159	0.182
海南	0.136	0.238	0.161	0.127	0.171	0.203
重庆	0.225	0.322	0.205	0.172	0.185	0.215
四川	0.255	0.371	0.212	0.206	0.215	0.291
贵州	0.172	0.231	0.143	0.146	0.211	0.150
云南	0.220	0.238	0.183	0.147	0.185	0.163
陕西	0.221	0.249	0.169	0.154	0.188	0.230
甘肃	0.173	0.181	0.142	0.113	0.144	0.128
青海	0.108	0.210	0.093	0.110	0.131	0.131
宁夏	0.117	0.155	0.101	0.104	0.116	0.132
新疆	0.167	0.270	0.148	0.142	0.169	0.194

注：由于部分数据缺失，西藏、香港、澳门、台湾不在统计范围内。

　　生产性服务业方面，北京、上海保持较高水平。变动趋势看，中西部个别省份表现突出，如湖北、安徽、四川综合水平提升显著。同时，受经济结构调整影响，天津市生产性服务业发展指数在2016年大幅下降（由2012年的0.409降到2016年的0.272）。

第七章 制造业与生产性服务业融合水平的时空演变

第一节 制造业与生产性服务业融合水平的时间演变

一、制造业与生产性服务业整体融合水平

结合前文所设计的指标体系以及综合发展指数计算方法，得到2012—2020年我国制造业与生产性服务业综合发展指数，并且依据耦合协调模型计算耦合协调度，测算结果见表7-1。

表7-1 2012—2020年我国制造业与生产性服务业融合水平

年份	耦合度 C	协调指数 T	耦合协调度 D	协调等级	耦合协调程度
2013	0.743	0.337	0.501	6	勉强协调
2014	0.879	0.379	0.578	6	勉强协调
2015	0.970	0.345	0.579	6	勉强协调
2016	0.874	0.666	0.763	8	中级协调
2017	0.978	0.787	0.877	9	良好协调
2018	0.998	0.631	0.794	8	中级协调
2019	0.973	0.574	0.748	8	中级协调
2020	0.960	0.580	0.746	8	中级协调
2021	1.000	0.935	0.967	10	优质协调
2022	0.973	0.806	0.886	9	良好协调

耦合度是评价比较序列与参考序列互相接近程度的指标，取值范围为 [0,1]，该值也表示制造业与生产性服务业对产业融合的贡献大小。其值越接近1，表示两大产业的发展接近程度越大且趋于一致，对融合系统的贡献越大；反之，耦合度越接近0，表示现代服务业的发展趋势与制造业的发展相背离，对产业融合发展的贡献越小。从总体上看，制造业与现代服务业的贴近度整体呈现上升趋势，融合程度不断加深。

协调指数反映的是制造业与生产性服务业两个产业的关联程度，仅用耦合度来判断各地区产业的融合程度可能会出现偏差，为了更加客观全面地反映制造业与生产性服务业融合程度，采用已有指标在计算两个产业的发展水平的基础上进一步测算产业协调指数，以反映制造业与生产性服务业的协调发展水平。总体看，两大产业协调指数有明显的提升，说明产业间有良好的相互协调发展，

耦合协调度反映制造业与生产性服务业融合发展水平。由表7-1可见，我国制造业与生产性服务业耦合协调度整体上呈现不断上升趋势。截至2022年达到了0.886，较2013年的0.501上升了0.385。制造业与生产性服务业耦合协调度不断增大，紧密相关程度逐步增强。同时，耦合协调发展类型分为3个阶段，2016年以前，耦合协调度表现为勉强协调型，2016—2020年，基本表现为中级协调型，2021年以后表现为良好协调型，发展态势良好，发展势头较足。

二、制造业与交通运输、仓储和邮政业融合水平

表7-2为2013—2022年我国制造业与交通运输、仓储和邮政业融合水平。由表可见，制造业与交通运输、仓储和邮政业耦合协调度从2013年的0.559（勉强协调）上升到2021年的0.978（优质协调），但中间波动较大。2013—2015年为低谷期，耦合协调度指数徘徊于0.552~0.594，两个行业协同抵消。

2016—2017年出现跃升，耦合协调度从0.794飙升至0.916，增长了15.4%，这可能受益于物流智能化与制造供应链升级等因素。如京东"亚洲一号"智能仓、菜鸟网络自动化分拣等智慧物流的推行，使得物流效率提升近40%。同时，《"十三五"现代综合交通运输体系规划》推动多式联运等政策引导，制造业库存周转率从2016年的6.2次/年升至2017年的7.5次/年。2018—2022年受疫情、贸易摩擦等因素影响，耦合度出现波动变化。2021年，疫情复苏效应明显，制造业出口订单激增，对物流业需求拉动作用明显增强，制造业与交通运输、仓储和邮政业耦合度在2021年到达最高点。2022年，制造业出口增速骤降，从20.4%降低到7.1%，物流需求紧缩，服务能力下滑，耦合协调度下降到0.885。

表7-2　2013—2022年我国制造业与交通运输、仓储和邮政业融合水平

年份	耦合度 C	协调指数 T	耦合协调度 D	协调等级	耦合协调程度
2013	0.831	0.376	0.559	6	勉强协调
2014	0.908	0.388	0.594	6	勉强协调
2015	0.929	0.328	0.552	6	勉强协调
2016	0.906	0.696	0.794	8	中级协调
2017	0.991	0.846	0.916	10	优质协调
2018	0.998	0.621	0.787	8	中级协调
2019	0.977	0.573	0.748	8	中级协调
2020	0.974	0.536	0.723	8	中级协调
2021	0.999	0.956	0.978	10	优质协调
2022	0.973	0.804	0.885	9	良好协调

三、制造业与信息传输、软件和信息技术服务业融合水平

表7-3为2013—2022年制造业与信息传输、软件和信息技术服务业融合水平。由表可见，我国制造业与信息传输、软件和信息技术服务业耦合度在

2014年跳跃至0.773后，保持较高的水平，说明两个产业的互动越来越紧密，但协调指数波动较大。耦合协调度呈波动增长趋势。2016年两个产业耦合协调水平进入中级协调，可能受益于"中国制造2025"与"互联网+"政策的协同推进。2021年耦合协调度达到最高的0.955，协调等级为10级优质协调，这可能与数字化转型加速、疫情背景下制造业数字化需求激增与信息技术服务业的快速响应有关。2022年略有下降，可能是受经济环境变化或政策调整的影响。

表7-3　2013—2022年我国制造业与信息传输、软件和信息技术服务业融合水平

年份	耦合度C	协调指数T	耦合协调度D	协调等级	耦合协调程度
2013	0.463	0.310	0.379	4	轻度失调
2014	0.773	0.337	0.510	6	勉强协调
2015	0.844	0.292	0.497	5	濒临失调
2016	0.853	0.651	0.745	8	中级协调
2017	0.957	0.741	0.842	9	良好协调
2018	0.980	0.599	0.774	8	中级协调
2019	0.980	0.563	0.742	8	中级协调
2020	0.948	0.609	0.760	8	中级协调
2021	0.975	0.912	0.955	10	优质协调
2022	0.973	0.804	0.885	9	良好协调

四、制造业与金融业融合水平

表7-4为2013—2022年我国制造业与金融业耦合融合水平。由表可见，2013—2022年我国制造业与金融业耦合度总体处于高位，表明制造业与金融业互动紧密。协调指数显著提升，表明金融业对制造业的实际支持能力大幅增强，可能与"供给侧结构性改革"深化、普惠金融政策及北京等地的金融资源集中效应有关。耦合协调度波动性较大，但整体融合水平较高，2016年以后，耦合协调程度均在中级协调以上（耦合协调度均大于0.7）。

表7-4　2013—2022年我国制造业与金融业耦合融合水平

年份	耦合度C	协调指数T	耦合协调度D	协调等级	耦合协调程度
2013	0.845	0.381	0.567	6	勉强协调
2014	0.826	0.352	0.539	6	勉强协调
2015	0.999	0.469	0.684	7	初级协调
2016	0.932	0.727	0.823	9	良好协调
2017	0.979	0.794	0.882	9	良好协调
2018	0.998	0.620	0.787	8	中级协调
2019	0.948	0.660	0.791	8	中级协调
2020	0.917	0.691	0.796	8	中级协调
2021	0.999	0.956	0.978	10	优质协调
2022	0.973	0.804	0.885	9	良好协调

五、制造业与租赁和商务服务业融合水平

表7-5为2013—2022年我国制造业与租赁和商务服务业融合水平。由表可见，我国制造业与租赁和商务服务业耦合度水平在2014年和2017年有明显提升。耦合协调程度在2016年提升至中级协调，可能与"供给侧改革"推动制造业产能优化，租赁业设备融资需求激增相关。

表7-5　2013—2022年我国制造业与租赁和商务服务业融合水平

年份	耦合度C	协调指数T	耦合协调度D	协调等级	耦合协调程度
2013	0.388	0.304	0.343	4	轻度失调
2014	0.767	0.336	0.507	6	勉强协调
2015	0.913	0.319	0.540	6	勉强协调
2016	0.855	0.652	0.746	8	中级协调
2017	0.971	0.773	0.867	9	良好协调
2018	0.994	0.656	0.808	9	良好协调
2019	0.969	0.595	0.760	8	中级协调
2020	0.962	0.572	0.742	8	中级协调
2021	1.000	0.936	0.967	10	优质协调
2022	0.973	0.804	0.885	9	良好协调

2021年为优质协调，协调指数由0.572快速增长至0.936。疫情后制造业的轻资产化趋势不仅带动了租赁业的发展，也促进了商务服务业在市场开拓中的关键作用。疫情后，制造业的轻资产化趋势加速，主要表现为企业不再像以前那样大量投入资金进行设备采购和固定资产建设，而是通过租赁、外包等方式降低资本开支，增强资金流动性。这种转型让企业能够更加灵活地应对市场变化，并专注于核心业务的创新和发展。

在此背景下，租赁业和商务服务业发挥了重要作用。融资租赁和经营性租赁成为企业缓解现金流压力的重要工具。融资租赁不仅能减少一次性资金投入，还能通过租期内的支付分摊，帮助企业平衡短期和长期的资金需求。经营性租赁则让企业能够租赁设备、技术和其他资产，不仅避免了沉重的资本支出，还能保持资产使用的灵活性，进一步提升了资源配置的效率。与此同时，企业通过参加行业展会、开展品牌营销活动等方式，积极开拓新市场并提升品牌影响力，会展和品牌营销等商务服务业在市场开拓中的作用越来越重要。

六、制造业与科学研究和技术服务业融合水平

表7-6为2013—2022年我国制造业与科学研究和技术服务业融合水平，由表可见，我国制造业与科学研究和技术服务业耦合度不断加强，行业间联系越来越紧密，表现出较强的协同效应。科技服务业通过研发外包、技术咨询等模式加速渗透，已经成为推动制造业创新和提升企业竞争力的重要手段。2021年协调指数达到峰值，可能与疫情后制造业数字化转型需求激增（如工业互联网、AI技术应用）及科技服务业创新能力提升直接相关。2023年年末，全国科学研究和技术服务业共有企业法人单位206.7万个，从业人员数约1 574.0万。但应注意的是，中小制造企业科技服务需求可能受抑制，一是中小制造企业普遍面临数字化转型成本高、技术人才短

缺问题，二是中小企业实际融资成本仍高于大型企业，导致其技术升级意愿被抑制。

表7-6　2013—2022年我国制造业与科学研究和技术服务业融合水平

年份	耦合度C	协调指数T	耦合协调度D	协调等级	耦合协调程度
2013	0.481	0.311	0.387	4	轻度失调
2014	0.879	0.373	0.572	6	勉强协调
2015	0.794	0.279	0.471	5	濒临失调
2016	0.790	0.614	0.696	7	初级协调
2017	0.928	0.696	0.804	9	良好协调
2018	1.000	0.581	0.762	8	中级协调
2019	0.983	0.549	0.735	8	中级协调
2020	0.966	0.561	0.736	8	中级协调
2021	1.000	0.935	0.967	10	优质协调
2022	0.973	0.804	0.885	9	良好协调

第二节　制造业与生产性服务业融合水平的空间分布与演变

一、制造业与生产性服务业融合水平的区域异质性分析

基于耦合协调模型，对我国各省份制造业与生产性服务业耦合性调度指标进行测算，并按耦合协调度指数由大到小进行排序，结果见表7-7。

从表7-7来看，我国制造业与生产性服务业融合水平区域分析分化显著。制造业与生产性服务业耦合协调度大于0.4的省份有16个，分别为广东、江苏、上海、浙江、北京、山东、天津、河北、湖北、福建、安徽、四川、河南、湖南、江西、陕西。其中，北京、山东两地处于初级协调阶段，江苏、

上海、浙江处于中级协调阶段，广东处于良好协调阶段，协调度与经济发展程度相符，协调态势发展良好。

表7-7　2022年我国各省份制造业与生产性服务业融合水平

地区	耦合度 C	协调指数 T	耦合协调度 D	协调等级	耦合协调程度
广东	0.966	0.786	0.871	9	良好协调
江苏	0.979	0.642	0.793	8	中级协调
上海	0.957	0.629	0.776	8	中级协调
浙江	0.990	0.524	0.721	8	中级协调
北京	0.742	0.593	0.663	7	初级协调
山东	0.973	0.419	0.639	7	初级协调
天津	0.999	0.273	0.522	6	勉强协调
河北	0.975	0.239	0.483	5	濒临失调
湖北	1.000	0.230	0.480	5	濒临失调
福建	0.988	0.231	0.478	5	濒临失调
安徽	0.993	0.228	0.476	5	濒临失调
四川	0.997	0.222	0.471	5	濒临失调
河南	0.994	0.209	0.456	5	濒临失调
湖南	1.000	0.186	0.431	5	濒临失调
江西	0.989	0.181	0.423	5	濒临失调
陕西	0.998	0.163	0.403	5	濒临失调
辽宁	0.915	0.163	0.387	4	轻度失调
重庆	0.993	0.150	0.386	4	轻度失调
海南	0.991	0.133	0.363	4	轻度失调
新疆	0.983	0.126	0.352	4	轻度失调
广西	0.974	0.111	0.329	4	轻度失调
云南	0.874	0.113	0.315	4	轻度失调
贵州	0.746	0.120	0.300	3	中度失调
山西	0.997	0.081	0.284	3	中度失调
内蒙古	0.956	0.078	0.272	3	中度失调
黑龙江	0.847	0.063	0.232	3	中度失调

地区	耦合度 C	协调指数 T	耦合协调度 D	协调等级	耦合协调程度
吉林	0.630	0.085	0.231	3	中度失调
青海	0.659	0.058	0.195	2	严重失调
西藏	0.520	0.068	0.189	2	严重失调
宁夏	0.717	0.049	0.187	2	严重失调
甘肃	0.539	0.063	0.185	2	严重失调

注：1.按耦合协调度指数进行排序。

2.由于部分数据缺失，香港、澳门、台湾不在统计范围内。

中级协调和良好协调型省份主要分布在江苏、上海、浙江、广东这些经济较发达的省份，集中于长三角、珠三角，体现出经济发达地区的产业协同优势。如广东省 C 为 0.966，T 为 0.786，D 为 0.871，属于良好协调。这说明广东不仅产业互动紧密，而且协调措施有效，资源分配合理，政策支持到位。

濒临失调型省份主要分布在中部地区，如河北、湖北、安徽、湖南等地。存在低效互动与资源错配等问题。一是耦合度高但协调度低，如湖北、湖南、河南等地耦合度接近1，但协调指数不足0.25，存在生产性技术服务"悬浮化"现象。这些地区的制造业与生产性服务业之间的合作、信息交流、资源共享等都处于较为密切的状态，但其成果未能顺利转化为行业创新或生产力提升。生产性服务业提供的技术服务、知识输出、咨询等，并没有充分满足地区产业发展的实际需求，产业间的协调性不足，研发投入和技术服务未能有效转化为实际的产业效能，未能产生预期的经济或技术效益。二是耦合度高但协调指数低，如山西、内蒙古等地，存在传统制造业依赖资源输出，生产性服务边缘化等问题。这些地区制造业对资源依赖性较强，忽视了生产性服务业的价值，研发、设计、技术咨询等服务未能成为制造业的重要组成部分，导致制造业在技术创新和升级方面进展缓慢。虽然有些企业逐渐认识到外包生产性服务的必要性，但在很多地区，这一进程仍然比较缓慢，企业依然倾向于将资源投入到直接生产中，而非与之配套的服务。

系统性失调地区主要集中在西部边远地区，西藏、甘肃、青海的耦合度指数低于0.8，协调指数低于0.070。这些地区产业互动基础薄弱，科技服务业规模不足。

二、制造业与生产性服务业融合水平的空间分布与演变

为了清晰地反映我国制造业与生产性服务业融合发展水平的空间格局，按照区域制造业与生产性服务业融合发展指数的大小和分布，选取2012年、2016年、2022年对各省份耦合协调度指数进行计算，并将其根据产业融合程度整理成表7-8。

表7-8　2012年、2016年、2022年我国各省份产业融合度

产业融合程度	2012年	2016年	2022年
极度失调	—	—	—
严重失调	青海、宁夏	青海、宁夏、山西、内蒙古、	青海、宁夏、甘肃、
中度失调	甘肃、山西、内蒙古、海南	甘肃、海南、吉林、黑龙江、贵州、广西、新疆	山西、内蒙古、吉林、黑龙江、贵州、
轻度失调	吉林、黑龙江、贵州、广西、云南、新疆	云南、重庆、河北、安徽、江西、湖南、山西、辽宁、四川	海南、广西、新疆、云南、重庆、辽宁
濒临失调	重庆、河北、安徽、江西、河南、湖南、山西	河南、福建、湖北、天津	河北、安徽、江西、湖南、陕西、四川、河南、福建、湖北
勉强融合	辽宁、福建、湖北、四川、天津	—	天津
初级融合		北京、山东、浙江	北京、山东
中级融合	山东、浙江、北京	上海、江苏、广东	浙江、上海、江苏
良好融合	上海、江苏、广东	—	广东
优质融合	—		

由表7-8可以看出，各省份制造业与生产性服务业融合发展水平非常不均衡，阶梯分化明显。主要表现为东部沿海地区融合度高，形成绝对优势，上海、江苏、广东、浙江等省份在2012年、2016年和2022年都保持了较高的产业融合水平。这些地区的产业结构较为多元化，基础设施建设较为完备，且经济发展水平较高，使得它们能够更好地推动产业之间的融合，促进经济的高效发展。

初级融合和中级融合的地区主要集中在一些中部和南方省份，如北京、山东、浙江、上海、广东、江苏等地。尤其是在2016年和2022年，这些地区的产业间已经开始紧密地联系，逐步形成更具竞争力的产业链。

严重失调和中度失调的地区大多集中在西部和一些内陆省份，如青海、宁夏、甘肃、山西、内蒙古、西藏等。尤其是在2012年和2016年，这些地区的产业融合程度一直处于较低水平。西部地区的经济发展相对滞后，基础设施、技术水平和产业结构较为单一，这导致了产业融合程度较低。2022年，尽管有一些改善，但许多地区仍保持在较低的产业融合水平。

表7-9列举了排名前十的省份制造业与生产性服务业耦合协调度指数及协调等级，结合表7-8的地区分布和表7-9的耦合协调度D值，可以观察出我国制造业与生产性服务业融合水平的空间集聚效应逐渐强化。一是高水平融合地区向长三角、珠三角地区收缩，2012年中级融合水平省份有6个，2022年仅剩上海、江苏、浙江、广东。东部地区产业融合水平的变化较小，基本稳定在较高水平。二是融合区域形成"西北-西南凹陷带"，从青海到云南的胡焕庸线西侧区域，85%省份长期处于失调状态。三是西部地区和东北地区改善缓慢。西部地区（如青海、宁夏、甘肃等）以及东北地区（如黑龙江、吉林、辽宁等）尽管产业融合情况有所改善，但整体水平较低，并且仍停留在"轻度失调"到"中度失调"，表现出较为滞后的发展状态。四是收缩差距收窄，尽管西部和东北地区的产业融合水平依然较低，但一些省份（如山西、内蒙古、黑龙江等）在2016年和2022年表现出轻微的产业融合改善，表明区

域间差距在逐步缩小，尤其是在政策和基础设施建设的支持下，部分落后地区正在逐步融入更高效的产业链。

表7-9　2012年、2016年、2022年我国排名前十的省份制造业与生产性服务业融合水平

排名	2012年			2016年			2022年		
	省份	耦合协调度 D	协调等级	省份	耦合协调度 D	协调等级	省份	耦合协调度 D	协调等级
1	江苏	0.899	9	广东	0.768	8	广东	0.871	9
2	广东	0.865	9	江苏	0.764	8	江苏	0.793	8
3	上海	0.813	9	上海	0.735	8	上海	0.776	8
4	浙江	0.791	8	北京	0.669	7	浙江	0.721	8
5	山东	0.737	8	浙江	0.612	7	北京	0.663	7
6	北京	0.726	8	山东	0.604	7	山东	0.639	7
7	天津	0.598	6	天津	0.489	5	天津	0.522	6
8	辽宁	0.574	6	福建	0.437	5	河北	0.483	5
9	福建	0.543	6	河南	0.436	5	湖北	0.480	5
10	四川	0.526	6	湖北	0.426	5	福建	0.478	5
11	湖北	0.522	6	四川	0.391	4	安徽	0.476	5
12	河南	0.474	5	河北	0.390	4	四川	0.471	5
13	重庆	0.469	5	安徽	0.379	4	河南	0.456	5
14	安徽	0.467	5	湖南	0.368	4	湖南	0.431	5
15	河北	0.455	5	重庆	0.351	4	江西	0.423	5

注：由于部分数据缺失，西藏、香港、澳门、台湾不在统计范围内。

三、八大经济区域制造业与生产性服务业融合水平分布

由前文可知，2012—2022年我国各省份制造业生产性服务业融合水平逐

渐提升，但由于各地区资源禀赋以及发展速度的不同，致使制造业与生产性服务业融合程度存在显著的区域性差异。为深入探讨不同区域之间制造业与生产性服务业融合水平的空间演变规律，本书参考洪兴建（2010）、刘永飞（2022）的研究，将31个省份分为八大融合经济区❶，直观探究不同区域产业融合水平差异性，为制定更具针对性和完善的政策提供支撑，结果见表7-10。

表7-10 八大融合经济区制造业与生产性服务业融合水平等级划分

区域	极低融合 [0,0.2]	低度融合 [0.2,0.4]	中低度融合 [0.4,0.6]	中度融合 [0.6,0.8]	高度融合 [0.8,1.0]
东北经济区	—	黑龙江、吉林、辽宁	—	—	—
北部沿海经济区	—	—	天津、河北	北京、山东	—
东部沿海经济区	—	—	—	上海、江苏、浙江	—
南部沿海经济区	—	海南	福建	—	广东
黄河中游经济区	—	山西、内蒙古	河南、陕西	—	—
长江中游经济区	—	—	安徽、江西、湖北、湖南	—	—
西南经济区	—	广西、重庆、贵州、云南	四川	—	—
大西北经济区	甘肃、宁夏、青海、新疆	—	—	—	—

我国八大融合经济区域制造业与生产性服务业融合主要集中于低度融合和中低度融合，仅东部沿海经济区的海、江苏、浙江和南部沿海经济区的广东进入高度融合阶段。区域发展差异明显，沿海地区尤其是东部和南部沿海发展较好，而西部和内陆地区融合水平较低。

---

❶ 八大融合经济区分别为：东北经济区（黑龙江、吉林、辽宁）、北部沿海经济区（北京、天津、河北、山东）、东部沿海经济区（上海、江苏、浙江）、南部沿海经济区（福建、广东、海南）、黄河中游经济区（山西、内蒙古、河南、陕西）、长江中游经济区（安徽、江西、湖北、湖南）、西南经济区（广西、重庆、四川、贵州、云南）、大西北经济区（西藏、甘肃、宁夏、青海、新疆）。

北部沿海经济区有天津和河北在中低度融合，北京和山东在中度融合，地区间存在较大差异，要素流动受行政壁垒限制，北京、天津对整个经济区域的经济辐射能力较弱。北京和山东在制造业与服务业融合方面表现较好，尤其是北京，通过其强大的创新和服务业体系，以科技研发、金融商务为核心，推动了制造业向更高附加值和智能化方向发展，如中关村、亦庄开发区形成了"制造-服务"闭环生态。山东虽然起步较晚，但在近年来通过智能制造和服务业的发展，形成全国工业门类最全的制造业强省，与服务业融合水平逐渐提高，全产业链服务业转型发展迅速，如青岛、济南双核驱动，家电制造（海尔）、重工装备（潍柴）与工业互联网深度耦合。天津和河北的制造业与服务业融合相对较低，主要原因在于传统制造业占比较高，且服务业发展相对滞后。天津市传统石化、装备制造占比高，生产性服务业（如港口物流）与制造业协同效率偏低。河北以钢铁、建材等重工业为主导，服务业多集中于低端环节（仓储运输配套等），技术赋能不足。

东部沿海经济区全部在中度融合。表明长三角核心城市群等发达区域通过技术创新、高端服务业赋能制造业升级，不仅推动了各自的经济发展，还在产业链的上游和下游形成了密切的合作关系。上海在电子信息、集成电路、新能源等领域的技术创新，吸引了大量的研发机构和创新型企业，创新能力和服务业优势可以为江苏、浙江等周边地区提供技术支持、资金支持以及市场拓展等方面的服务，带动江苏、浙江等地区的制造业向更高附加值的产业链延伸。而江苏、浙江等地则拥有雄厚的制造业基础，这使得长三角地区成为我国乃至全球最具竞争力的制造业与高端服务业协同发展的区域之 。例如，江苏的南京和无锡在集成电路和新材料产业方面的布局，与上海的金融服务和高端技术支持形成了良好的协同效应。

南部沿海经济区则跨度较大，呈现"断层式分化"，海南低度融合，福建中低度融合，广东高度融合。尽管这些地区地理位置接近，都是沿海经济区，但由于各自经济基础、产业结构、政策支持等因素的不同，发展水平存在显著差异。广东作为经济强省，拥有较为成熟的制造业和高端服务业体系，而海南和福建在制造业的技术创新和服务业发展上还相对薄弱。一是经济基础差异。广东的经济发展较早且结构多元化；福建虽然在纺织、电子、机械等传统制造业领域有较强的竞争力，但高端服务业和技术创新的能力仍需提升；而海南在旅游、房地产、现代服务业等方面有一定发展，但制造业基础薄弱，且生产性服务业相对滞后，这导致了其制造业与服务业的融合水平较低。二是政策与创新支持。广东尤其是珠三角地区，得到了国家政策的大力支持，吸引了大量的科技创新和高端服务业，而福建和海南发展较为缓慢，高端服务业和技术创新的推动相对滞后，服务业的现代化程度和创新能力不足。

黄河中游经济区主要集中于中低度融合与低度融合的阶段。一方面，黄河中游经济区以传统制造业为主，资源型产业仍占据较大比重。以能源、钢铁、煤炭等资源密集型产业为主，现代制造业和高附加值产业发展相对滞后。服务业尤其是高端服务业在这些地区的支撑能力较弱，导致整体制造业与生产性服务业的融合度偏低。另一方面，由于原有产业结构固化，制约了科技、金融、研发等服务业的发展，产业转型和智能化生产进展缓慢。因此，这些地区的融合水平多处于中低度阶段。

长江中游经济区的四个省份都在中低度，未出现高度融合省份。四个省份在制造业与生产性服务业融合过程中存在一些共性问题。一是服务供给低端化：生产性服务业以物流、基础运维为主，研发设计、供应链金融等高端服务占比不足15%。二是区域协同内卷化：四省竞相布局同类产业，（如湖北武汉、安徽合肥均重点发展新能源汽车），导致资源分散、服务配套重复建设，难以形成跨省产业链。三是创新要素割裂：高校科研院所（如武汉大学、中国科学技术大学）与本地制造业企业合作密度低于长三角地区（技术合同本地转化率低10~20个百分点）。

东北经济区包括黑龙江、吉林和辽宁，都处于低度融合水平。相较于南部沿海和长三角等区域，东北的制造业更多依赖于传统的生产方式和生产要素，缺乏与创新性服务业的有效对接。东北经济区在过去依赖国有企业和重工业，虽然近年来有推动高技术产业和服务业发展的政策支持，但由于地区资源限制、人口流出、技术创新能力不足等因素，许多传统制造企业的转型较慢，服务业尤其是高端服务业和技术创新服务缺乏，难以有效支撑制造业升级。

西南经济区与大西北经济区的制造业与生产性服务业融合水平整体偏低，但受地理条件、资源禀赋和政策导向影响，两区域面临的问题有一定的共性：一是基础设施制约。西南山区交通网络密度仅为全国平均的60%，大西北铁路货运时效比东部慢40%。二是产业低端锁定。西南以资源加工（广西铝业、云南磷化工）、大西北以初级能源（新疆油气、宁夏煤化工）为主，服务化升级需求强烈但能力不足。三是政策边际效应弱，西部大开发、陆海新通道等政策更多聚焦基建，对制造业与生产性服务业融合缺乏专项支持。

西南经济区主要存在单核失衡与协同缺位等问题。一是四川"虹吸-溢出"失衡。成都作为西南经济区的核心城市，高度集聚了全省65%的生产性服务业企业，涵盖工业设计、科技金融、检验检测等高附加值领域（如天府软件园入驻企业超600家）。然而，这种"单极膨胀"导致严重的"灯下黑"效应：成都向川南宜宾、泸州等制造业重镇的技术输出合同额不足10%，远低于武汉对湖北周边城市25%的溢出水平。例如，宜宾动力电池产业集群（宁德时代）所需的电池管理系统（BMS）研发服务，80%依赖长三角供给，而成都本土企业仅承接基础测试环节。这种失衡源于行政壁垒下的要素单向流动——成都通过税收优惠、人才落户政策持续吸纳周边资源（如泸州近三年流失科技服务业人才1.2万人），却未建立知识反哺机制（成都高校与川南企业产学研合作项目占比不足5%）。类似问题在郑州-洛阳、西安-宝鸡等中西部城市群同样存在，但四川因地形复杂、区域发展梯度更大而矛盾尤为突出。二是区域间产业链条断裂。西南各省虽各自培育特色产业，但跨省产业链协同近乎空白。重庆汽车电子产业年产值超2 000亿元，但关键零部件（如车载芯片、传感器）本地配套率仅32%，需从珠三角采购；贵州大数据中心机架数量占全国10%，却未与广西机械制造（柳工集团）形成数据赋能联动——柳工设备故障预测仍依赖人工巡检，而非贵州工业大数据分析。这种断裂在政策层面体现为"各自为政"：重庆的《智能网联汽车发展规划》未提及与贵州数据资源对接，广西的《机械工业振兴计划》也缺乏跨省供应链设计。再次，"东数西算"本地化失灵。云南、贵州作为"东数西算"国家算力枢纽节点，承载了全国15%的数据中心机架（贵阳贵安集群规划服务器400万台），但其算力资源的70%服务于东部互联网、金融企业（如上海证券交易所在贵安部署灾备中心），本地制造业仅占用不足5%。以贵州轮胎厂为例，其橡胶生产参数优化需调用江苏工业互联网平台算力，而本地超算中心却为杭州电商提供实时推荐计算。这种错配源于需求-供给的结构性矛盾：西南制造业以传统行业为主（云南烟草、贵州白酒），数字化改造渗透率不足20%，难以消化高端算力；而数据中心为追求盈利，优先承接东部高附加值订单。

大西北经济区主要存在生态脆弱与要素匮乏等问题。一是，西北生态经济仍陷于"保生态-限工业-缺服务"的恶性循环。青海三江源、宁夏贺兰山等生态保护区承担着国家生态安全屏障功能，严格限制重工业发展。例如，青海禁止在黄河上游新建水电之外的重化工项目，宁夏贺兰山保护区关停83家采矿企业。二是，替代性绿色服务业发展滞后：青海虽拥有全国最大的光伏基地（装机超2 000万千瓦），但配套的碳资产管理、绿色金融等服务规模不足；宁夏贺兰山东麓葡萄酒产区年产值超300亿元，但缺乏高端品牌策划、国际认证服务。其次，人才流失严重。甘肃高校毕业生留甘率不足30%，2023年兰州大学本科毕业生仅24%留甘工作。外部人才引进同样存在诸多困难：新疆生产性服务业从业者中硕士以上学历占比仅5%，远低于全国15%的平均水平，乌鲁木齐工业设计企业员工平均薪资为上海的43%，导致沿海人才"引不来、留不住"。这种双流失形成"制造业智能化改造需求迫切，但本地科技服务企业因人才匮乏只能承接低端项目"的负向循环。

第三节 制造业与生产性服务业融合水平的行业异质性分析

为进一步分析制造业与生产性服务业融合发展现状，更好地反映产业融合过程中存在的差异，从行业异质性角度，测算 2012 年、2016 年、2022 年制造业与各细分行业耦合协调度，观察不同行业融合水平空间分布及演变趋势。

一、制造业与生产性服务业各部门融合水平的空间分布

由表 7-12 可见，就全国平均水平而言，制造业与各细分生产性服务业的融合水平差异并不显著，但各区域行业融合水平表现出一定的差异性。以 2022 年数据为例，中度融合区域制造业与生产性服务行业各部门的融合度大小顺序为：交通运输、仓储和邮政业>信息传输、软件和信息技术服务业>租赁和商务服务业>金融业>科学研究和技术服务业。从现实情况来看，石油加工、化学制品、化纤制造、橡胶塑料业和大型通用设备制造业等中技术制造部门产品往往需要借助运输部门提供的服务进入销售市场。此外，中技术制造部门与信息服务部门的融合度相对较低，两部门间的协作交流存在进步空间。

低融合区域制造业与生产性服务行业各部门的融合度大小顺序为：交通运输、仓储和邮政业>租赁和商务服务业>信息传输、软件和信息技术服务业>科学研究和技术服务业>金融业。说明以食品加工制造业、纺织服装制造业和木材加工制造业为代表的低技术制造部门与交通运输、仓储和邮政业和批发零售业等传统部门的交叉渗透和延伸更为深入，而与信息服务部门的融合效果不佳。

高融合区域制造业与生产性服务行业各部门的融合度大小顺序为：交通运输、仓储和邮政业>租赁和商务服务业>信息传输、软件和信息技术服务业>

金融业>科学研究和技术服务业。就现阶段发展趋势而言，以通信、计算机、医药为代表的高技术部门与以信息传输业为代表的现代生产性服务业的融合水平较高，双方展开了较多的技术交流与互动，这些部门的产品通常也具有较高的科技含量与市场竞争力。另外，高技术制造部门与金融业的融合水平也较高。原因在于，金融部门提供的金融服务为制造业企业融资提供了强大的支持，充足的资金来源有利于企业合理进行资源配置与技术研发创新，一定程度上降低了企业面临的不确定性风险，也增强了企业持续创新的信心。

表7-12　2022年我国各省份制造业与细分生产性服务业融合水平

交通运输、仓储和邮政业			信息传输、软件和信息技术服务业			金融业			租赁和商务服务业			科学研究和技术服务业		
省份	耦合协调度D	协调等级	省份	耦合协调度D	协调等级	省份	耦合协调度D	协调等级	省份	耦合协调度D	协调等级	省份	耦合协调度D	协调等级
广东	0.95	10	江苏	0.90	9	广东	0.90	9	广东	0.92	10	广东	0.82	9
江苏	0.89	9	上海	0.68	7	上海	0.81	9	上海	0.82	9	江苏	0.76	8
山东	0.85	9	北京	0.66	7	江苏	0.77	8	江苏	0.78	8	上海	0.75	8
浙江	0.76	8	浙江	0.59	6	浙江	0.73	8	浙江	0.72	8	浙江	0.67	7
上海	0.76	8	湖南	0.59	6	北京	0.66	7	山东	0.63	7	北京	0.66	7
河北	0.66	7	广东	0.56	6	山东	0.61	7	北京	0.63	7	山东	0.59	6
天津	0.64	7	山东	0.56	6	天津	0.55	6	天津	0.53	6	天津	0.50	6
河南	0.60	6	黑龙江	0.52	6	福建	0.50	6	四川	0.52	6	四川	0.46	5
安徽	0.59	6	河南	0.50	5	河北	0.46	5	湖北	0.51	6	湖北	0.45	5
湖北	0.58	6	江西	0.49	5	湖北	0.45	5	安徽	0.50	6	河北	0.45	5
福建	0.57	6	重庆	0.49	5	安徽	0.44	5	河北	0.48	5	河南	0.44	5

续表

交通运输、仓储和邮政业			信息传输、软件和信息技术服务业			金融业			租赁和商务服务业			科学研究和技术服务业		
省份	耦合协调度D	协调等级	省份	耦合协调度D	协调等级	省份	耦合协调度D	协调等级	省份	耦合协调度D	协调等级	省份	耦合协调度D	协调等级
辽宁	0.55	6	河北	0.49	5	四川	0.44	5	江西	0.47	5	安徽	0.44	5
江西	0.54	6	安徽	0.49	5	河南	0.42	5	海南	0.47	5	湖南	0.42	5
北京	0.52	6	湖北	0.48	5	江西	0.41	5	湖南	0.46	5	福建	0.41	5
新疆	0.50	6	广西	0.46	5	甘肃	0.41	5	福建	0.46	5	陕西	0.40	5
陕西	0.49	5	天津	0.46	5	云南	0.39	4	河南	0.45	5	辽宁	0.38	4
四川	0.47	5	福建	0.45	5	广西	0.36	4	重庆	0.42	5	重庆	0.37	4
湖南	0.47	5	辽宁	0.43	5	重庆	0.36	4	陕西	0.41	5	江西	0.35	4
云南	0.45	5	海南	0.41	5	湖南	0.35	4	广西	0.39	4	贵州	0.34	4
内蒙古	0.45	5	贵州	0.39	4	辽宁	0.35	4	辽宁	0.39	4	新疆	0.33	4
海南	0.44	5	四川	0.38	4	新疆	0.33	4	云南	0.38	4	云南	0.33	4
广西	0.43	5	云南	0.35	4	海南	0.33	4	新疆	0.38	4	海南	0.32	4
山西	0.43	5	吉林	0.33	4	贵州	0.32	4	贵州	0.36	4	广西	0.31	4
重庆	0.41	5	山西	0.32	4	吉林	0.29	3	黑龙江	0.32	4	黑龙江	0.26	3
甘肃	0.39	4	宁夏	0.29	3	山西	0.27	3	内蒙古	0.29	3	山西	0.26	3
吉林	0.38	4	内蒙古	0.29	3	青海	0.25	3	山西	0.27	3	吉林	0.25	3
黑龙江	0.37	4	甘肃	0.29	3	内蒙古	0.24	3	青海	0.26	3	内蒙古	0.25	3
青海	0.34	4	新疆	0.28	3	宁夏	0.21	3	吉林	0.25	3	甘肃	0.23	3
贵州	0.32	4	陕西	0.22	3	陕西	0.19	2	宁夏	0.20	2	宁夏	0.19	2
宁夏	0.31	4	青海	0.19	2	黑龙江	0.18	2	甘肃	0.18	2	青海	0.18	2

注：由于部分数据缺失，西藏、香港、澳门、台湾不在统计范围内。

二、制造业与交通运输、仓储和邮政业融合水平演变

表7-13反映了2012年、2016年、2022年我国各省份制造业与交通运输、仓储和邮政业的融合水平。整体看，这几年中，制造业与交通运输、仓储和邮政业融合水平经历了小幅下降后上升的趋势，东部沿海地区持续领跑，西部与欠发达地区维持低位。

表7-13 2012年、2016年、2022年我国各省份制造业与交通运输、仓储和邮政业融合水平

2012年			2016年			2022年		
省份	耦合协调度D	协调等级	省份	耦合协调度D	协调等级	省份	耦合协调度D	协调等级
广东	0.96	10	广东	0.896	9	广东	0.95	10
江苏	0.95	10	江苏	0.867	9	江苏	0.89	9
山东	0.89	9	上海	0.840	9	山东	0.85	9
上海	0.81	9	山东	0.742	8	浙江	0.76	8
浙江	0.80	9	浙江	0.636	7	上海	0.76	8
天津	0.71	8	北京	0.591	6	河北	0.66	7
辽宁	0.66	7	河北	0.579	6	天津	0.64	7
河北	0.64	7	河南	0.546	6	河南	0.60	6
江西	0.63	7	天津	0.544	6	安徽	0.59	6
北京	0.63	7	福建	0.539	6	湖北	0.58	6
福建	0.61	7	安徽	0.504	6	福建	0.57	6
湖北	0.59	6	湖北	0.492	5	辽宁	0.55	6
河南	0.54	6	江西	0.488	5	江西	0.54	6
四川	0.54	6	四川	0.455	5	北京	0.52	6
安徽	0.53	6	辽宁	0.421	5	新疆	0.50	6
新疆	0.46	5	湖南	0.400	5	陕西	0.49	5
内蒙古	0.43	5	新疆	0.389	4	四川	0.47	5
云南	0.42	5	海南	0.387	4	湖南	0.47	5
重庆	0.40	4	重庆	0.386	4	云南	0.45	5

续表

| 2012年 | | | 2016年 | | | 2022年 | | |
省份	耦合协调度D	协调等级	省份	耦合协调度D	协调等级	省份	耦合协调度D	协调等级
湖南	0.38	4	贵州	0.379	4	内蒙古	0.45	5
陕西	0.36	4	广西	0.355	4	海南	0.44	5
海南	0.35	4	陕西	0.355	4	广西	0.43	5
山西	0.35	4	吉林	0.340	4	山西	0.43	5
贵州	0.34	4	云南	0.325	4	重庆	0.41	5
广西	0.32	4	黑龙江	0.289	3	甘肃	0.39	4
吉林	0.32	4	内蒙古	0.268	3	吉林	0.38	4
黑龙江	0.30	3	山西	0.225	3	黑龙江	0.37	4
青海	0.19	2	宁夏	0.213	3	青海	0.34	4
甘肃	0.18	2	甘肃	0.167	2	贵州	0.32	4
宁夏	0.14	2	青海	0.134	2	宁夏	0.31	4

注：由于部分数据缺失，西藏、香港、澳门、台湾不在统计范围内。

对比各融合区域，2022年，中度融合水平区域制造业与交通运输、仓储和邮政业耦合协调度指数略低于2012年，广东、江苏、山东、上海、浙江长期占据前五名，融合水平显著高于其他地区。这一现象折射出经济发达地区产业生态演化的阶段性特征：随着工业化后期产业结构向服务化、数字化跃迁，传统制造业与基础物流业的供需匹配效率面临重构压力。特别是在长三角、珠三角等区域，智能制造对物流系统的实时响应、柔性化服务提出更高要求，而现有物流基础设施的智能化改造尚未完全匹配产业升级节奏，导致边际效益出现递减，融合水平出现下降的趋势。随着沿海地区生产性服务业占比的提升，制造业服务化转型催生出供应链管理、工业互联网等新型协同需求，原有基于货物运输量、仓储周转率的协调评价体系亟待更新。

中低融合水平区域和低度融合水平区域，制造业与交通运输、仓储和邮政业耦合协调度指数较2012年有明显提升，展现出后发追赶的强劲动能。这一变化源于三重驱动机制的叠加效应：一是基础设施的跨越式发展。这几年中，中西部地区高速公路里程增长87%，高铁网络密度提升3.2倍，物理连接效率的质变为"制造业-物流业"协同奠定基础。二是产业梯度转移带来的系统重构。电子设备、汽车零部件等产业内迁推动中西部地区形成30余个国家级物流枢纽，实现"以产促流、以流兴产"的良性互动。三是数字技术的后发优势。中西部地区物流信息化投入年均增速达18%，智能仓储覆盖率从2012年的12%跃升至2022年的41%，通过数字化手段弥补了传统要素禀赋的不足。这种区域分化本质上是我国经济转型升级进程中"雁阵模式"的空间投射，既体现出发展阶段的客观差异，也揭示出不同能级区域产业生态系统演进的内在逻辑。

三、制造业与信息传输、软件和信息技术服务业融合水平演变

表7-14反映了2012年、2016年、2022年我国各省份制造业与信息传输、软件和信息技术服务业的融合水平。整体看，这几年中，制造业与信息传输、软件和信息技术服务业融合水平波动性较大。

表7-14 2012年、2016年、2022年我国各省份制造业与信息传输、软件和信息技术服务业融合水平

2012年			2016年			2022年		
省份	耦合协调度 D	协调等级	省份	耦合协调度 D	协调等级	省份	耦合协调度 D	协调等级
广东	0.84	9	广东	0.90	9	江苏	0.90	9
江苏	0.81	9	江苏	0.87	9	上海	0.68	7
浙江	0.79	8	浙江	0.84	8	北京	0.66	7
上海	0.76	8	上海	0.74	8	浙江	0.59	6
北京	0.73	8	北京	0.64	7	湖南	0.59	6
山东	0.68	7	山东	0.59	7	广东	0.56	6
辽宁	0.55	6	天津	0.58	6	山东	0.56	6

2012年			2016年			2022年		
省份	耦合协调度D	协调等级	省份	耦合协调度D	协调等级	省份	耦合协调度D	协调等级
福建	0.53	6	河南	0.55	6	黑龙江	0.52	6
四川	0.51	6	福建	0.54	6	河南	0.50	5
湖南	0.50	6	湖北	0.54	5	江西	0.49	5
湖北	0.49	5	安徽	0.50	5	重庆	0.49	5
天津	0.48	5	河北	0.49	5	河北	0.49	5
河南	0.46	5	四川	0.49	5	安徽	0.49	5
安徽	0.46	5	湖南	0.46	5	湖北	0.48	5
重庆	0.44	5	云南	0.42	5	广西	0.46	5
陕西	0.43	5	陕西	0.40	4	天津	0.46	5
云南	0.42	5	重庆	0.39	4	福建	0.45	5
河北	0.41	5	辽宁	0.39	4	辽宁	0.43	5
吉林	0.41	5	江西	0.39	4	海南	0.41	5
江西	0.39	4	吉林	0.38	4	贵州	0.39	4
黑龙江	0.37	4	海南	0.36	4	四川	0.38	4
新疆	0.35	4	广西	0.36	4	云南	0.35	4
贵州	0.33	4	新疆	0.34	3	吉林	0.33	4
甘肃	0.32	4	贵州	0.33	3	山西	0.32	4
广西	0.32	4	黑龙江	0.29	3	宁夏	0.29	3
海南	0.28	3	甘肃	0.27	3	内蒙古	0.29	3
山西	0.25	3	内蒙古	0.23	2	甘肃	0.29	3
内蒙古	0.24	3	山西	0.21	2	新疆	0.28	3
青海	0.19	2	宁夏	0.17	2	陕西	0.22	3
宁夏	0.12	2	青海	0.13	2	青海	0.19	2

注：由于部分数据缺失，西藏、香港、澳门、台湾不在统计范围内。

　　高度融合水平省份减少，2022年，全国制造业与IT服务业高度融合（耦合协调度≥0.6）的省份仅剩江苏、上海、北京三地，较2012年的6个省份大幅缩减。这一变化背后反映了区域产业发展格局的调整。江苏作为制造业强省,凭借雄厚的工业基础(如电子设备、汽车制造)与数字技术深度融合,耦合协调度从2012年的0.81稳步攀升至2022年的0.90,连续十年领跑全国。其成功得益于政策连贯性与企业创新能力,如"智改数转"行动计划、徐工集团、恒力石化等龙头企业的智能化改造。相比之下,上海、北京虽然保持高位,但增速明显放缓。上海的耦合协调度从2012年的0.76降至2022年的0.68,北京从2012年的0.73降至2022年的0.66,协调等级均从8级降至7级。这一现象或与两地产业成本攀升、IT服务业向周边外溢(如上海企业向长三角腹地迁移)以及传统制造业占比下降相关。

在东部高融合省份数量收缩的同时,湖南、河南、江西等中西部省份通过政策扶持与产业升级,实现了融合水平的显著跃升。以湖南为例,其耦合协调度从2012年的0.50提升至2022年的0.59,排名从第10位跃居第5位。这一突破得益于"制造强省"战略下对智能制造的聚焦,如三一重工、中联重科等工程机械巨头通过工业互联网平台实现生产全流程数字化;长株潭城市群依托国防科大等高校资源,培育了以北斗导航、人工智能为核心的IT产业集群,形成"硬制造+软服务"的双轮驱动;河南通过郑州国家级大数据综合试验区建设,推动富士康、汉威电子等制造企业与本土IT服务商(如中原鲲鹏生态)对接,在汽车电子、传感器等领域实现突破。

黑龙江、重庆等省份的排名上升则凸显了区域特色化路径的有效性。黑龙江的耦合协调度从2016年的0.29升至2022年的0.52,排名从第25位跃至第8位,主要依托老工业基地的数字化改造(如哈电集团风电设备智能运维系统)和对俄跨境数字贸易的布局。重庆则通过"智造重镇"建设,在集成电路、智能网联汽车领域引入紫光集团、长安汽车等企业,耦合协调度从2016年的0.39升至2022年的0.49,成为西部融合标杆。这些案例也表明,中西部省份正通过"精准政策+本地化创新"缩小与东部差距。

四、制造业与金融业融合水平演变

表7-14反映了2012年、2016年、2022年我国各省份制造业与金融业融合水平。由表7-15可知，这几年中，制造业与金融业高度融合（耦合协调度≥0.7）的省份数量从5个减少至4个（广东、上海、江苏、浙江），且竞争格局发生显著重构。

表7-15　2012年、2016年、2022年我国各省份制造业与金融业融合水平

2012年			2016年			2022年		
省份	耦合协调度D	协调等级	省份	耦合协调度D	协调等级	省份	耦合协调度D	协调等级
江苏	0.98	10	广东	0.73	8	广东	0.90	9
广东	0.92	10	江苏	0.71	8	上海	0.81	9
浙江	0.90	9	上海	0.69	7	江苏	0.77	8
上海	0.86	9	北京	0.67	7	浙江	0.73	8
山东	0.84	9	浙江	0.58	6	北京	0.66	7
北京	0.73	8	山东	0.58	6	山东	0.61	7
天津	0.63	7	天津	0.47	5	天津	0.55	6
福建	0.62	7	河南	0.46	5	福建	0.50	6
辽宁	0.61	7	福建	0.43	5	河北	0.46	5
四川	0.57	6	湖北	0.41	5	湖北	0.45	5
河北	0.54	6	河北	0.41	5	安徽	0.44	5
湖北	0.52	6	四川	0.40	4	四川	0.44	5
河南	0.52	6	安徽	0.38	4	河南	0.42	5
陕西	0.51	6	重庆	0.38	4	江西	0.41	5
安徽	0.51	6	辽宁	0.34	4	甘肃	0.41	5
重庆	0.50	6	湖南	0.33	4	云南	0.39	4
云南	0.47	5	陕西	0.31	4	广西	0.36	4
湖南	0.45	5	吉林	0.31	4	重庆	0.36	4
黑龙江	0.41	5	云南	0.30	3	湖南	0.35	4
吉林	0.40	4	广西	0.29	3	辽宁	0.35	4

续表

2012年			2016年			2022年		
省份	耦合协调度 D	协调等级	省份	耦合协调度 D	协调等级	省份	耦合协调度 D	协调等级
江西	0.39	4	江西	0.29	3	新疆	0.33	4
广西	0.34	4	贵州	0.27	3	海南	0.33	4
内蒙古	0.32	4	黑龙江	0.26	3	贵州	0.32	4
新疆	0.32	4	甘肃	0.25	3	吉林	0.29	3
山西	0.29	3	新疆	0.23	3	山西	0.27	3
贵州	0.28	3	宁夏	0.19	2	青海	0.25	3
海南	0.19	2	海南	0.18	2	内蒙古	0.24	3
甘肃	0.18	2	青海	0.17	2	宁夏	0.21	3
青海	0.17	2	山西	0.16	2	陕西	0.19	2
宁夏	0.17	2	内蒙古	0.16	2	黑龙江	0.18	2

注：由于部分数据缺失，西藏、香港、澳门、台湾不在统计范围内。

江苏曾以0.98的耦合协调度排名第一，但其优势在2016年后大幅削弱，这一波动或与其金融资源分散（南京、苏州、无锡等多中心竞争）及早期过度依赖传统信贷模式有关。反观广东，凭借粤港澳大湾区金融开放与制造业升级的协同效应，制造业与金融业耦合协调度达0.90，这可能与深圳证券交易所的资本赋能（如支持比亚迪、大疆等科技企业上市）、广州期货交易所的设立，以及珠三角制造业集群（如东莞电子、佛山装备制造）与跨境金融服务的深度对接有关。山东、浙江等传统强省融合水平下滑，山东省协调等级从9级跌至7级，可能与金融资源向国企倾斜、民营制造企业融资渠道受限的结构性问题有关，而浙江则可能受互联网金融风险整治的影响，未能充分对接高端制造升级的需求。

河北、湖北、安徽等中西部省份通过政策创新与金融生态重构，实现了融合水平的逆势提升。以河北为例，其耦合协调度从2016年的0.41升至2022

年的0.46，排名从第11位升至第9位。雄安新区金融改革试验（如数字人民币试点支持高端装备制造供应链）和京津冀协同发展下的制造业与金融业对接（如曹妃甸港口经济与绿色金融结合）对融合水平的提升起到了积极的促进作用。湖北则借助武汉区域金融中心建设，重点推动长江存储、东风集团等光电子、汽车相关制造企业与科技保险、知识产权证券化的融合，缓解了科创企业"融资难"的问题。

甘肃、云南等省份制造业与金融业融合程度也有很大的提升。甘肃依靠"一带一路"通道优势，发展跨境供应链金融（如兰州新区有色金属保税仓融资），并引导政策性银行支持新能源装备制造。云南则通过跨境金融试验区链接东南亚制造业市场，在绿色铝材、生物医药领域形成"金融+跨境产能合作"模式，实现了制造业与金融业的有效融合。

五、制造业与租赁和商务服务业融合水平演变

表7-16为2012年、2016年、2022年我国各省份制造业与租赁和商务服务业融合水平。由表可见，这几年中，制造业与租赁和商务服务业融合的高度融合区域呈现"广东独秀、苏沪稳中有降"的格局。广东连续十年保持全国首位，其优势源于珠三角"制造+服务"生态的深度协同，如广州、深圳的商务服务龙头企业（如普华永道、顺丰供应链）为电子信息、家电制造提供定制化服务；粤港澳大湾区跨境租赁（如飞机、高端设备租赁）和保税维修等新模式推动制造业价值链延伸。而江苏，到2022年耦合协调度降至0.78（8级），可能与其过度依赖传统生产性服务业（如物流、仓储）而未能及时升级至知识密集型服务（如工业设计、咨询）有关。

表7-16 2012年、2016年、2022年我国各省份制造业与租赁和商务服务业融合水平

2012年			2016年			2022年		
省份	耦合协调度D	协调等级	省份	耦合协调度D	协调等级	省份	耦合协调度D	协调等级
江苏	0.86	9	广东	0.86	9	广东	0.92	10
广东	0.86	9	上海	0.84	9	上海	0.82	9
上海	0.82	9	江苏	0.81	9	江苏	0.78	8
浙江	0.78	8	山东	0.66	7	浙江	0.72	8
北京	0.73	8	浙江	0.65	7	山东	0.63	7
山东	0.69	7	北京	0.65	7	北京	0.63	7
天津	0.53	6	天津	0.51	6	天津	0.53	6
湖北	0.53	6	湖北	0.47	5	四川	0.52	6
福建	0.50	6	河南	0.46	5	湖北	0.51	6
辽宁	0.50	6	福建	0.46	5	安徽	0.50	6
四川	0.48	5	湖南	0.43	5	河北	0.48	5
湖南	0.47	5	四川	0.42	5	江西	0.47	5
安徽	0.45	5	安徽	0.42	5	海南	0.47	5
重庆	0.45	5	河北	0.39	4	湖南	0.46	5
河南	0.45	5	江西	0.39	4	福建	0.46	5
江西	0.42	5	重庆	0.38	4	河南	0.45	5
云南	0.40	5	云南	0.33	4	重庆	0.42	5
吉林	0.40	5	广西	0.33	4	陕西	0.41	5
陕西	0.38	4	吉林	0.33	4	广西	0.39	4
黑龙江	0.37	4	辽宁	0.32	4	辽宁	0.39	4
广西	0.35	4	陕西	0.32	4	云南	0.38	4
河北	0.35	4	海南	0.30	3	新疆	0.38	4
贵州	0.34	4	新疆	0.29	3	贵州	0.36	4
甘肃	0.32	4	贵州	0.28	3	黑龙江	0.32	4
新疆	0.32	4	黑龙江	0.27	3	内蒙古	0.29	3
海南	0.31	4	甘肃	0.26	3	山西	0.27	3
宁夏	0.27	3	内蒙古	0.18	2	青海	0.26	3

续表

2012年			2016年			2022年		
省份	耦合协调度 D	协调等级	省份	耦合协调度 D	协调等级	省份	耦合协调度 D	协调等级
青海	0.21	3	山西	0.16	2	吉林	0.25	3
山西	0.21	3	青海	0.13	2	宁夏	0.20	2
内蒙古	0.17	2	宁夏	0.12	2	甘肃	0.18	2

注：由于部分数据缺失，西藏、香港、澳门、台湾不在统计范围内。

中等融合水平区域经历从"粗放扩张"到"精准赋能"的转变后，制造业、租赁和商务服务业融合水平显著提升。四川表现最为亮眼，耦合协调度排名从第11位跃至第8位，主要受益于成渝地区双城经济圈的"总部经济"集聚效应（如英特尔成都基地吸引毕马威、世邦魏理仕等服务机构落地）。其他省份也通过精准的产业转型改革，有效提升制造业、租赁和商务服务业融合水平，如安徽通过合肥科创走廊建设，推动蔚来汽车、京东方等企业与专业服务商（如法律、知识产权代理）绑定；江西通过赣江新区绿色金融改革，引导租赁公司支持光伏制造设备升级；海南依托自贸港政策吸引跨境租赁企业（如中航国际租赁海南公司），并发展游艇、医疗设备租赁等特色领域。但这些中等融合水平地区仍面临商务服务企业规模小、专业化程度低、制造业需求层级不高等问题。

六、制造业与科学研究和技术服务业融合水平演变

表7-17为2012年、2016年、2022年我国各省份制造业与科学研究和技术服务业融合水平，由表可见，这几年中，制造业与科学研究和技术服务业并未出现高度融合水平的区域。中度融合水平主要集中在北京、上海、江苏、浙江、山东，但五省份之间排名波动性较大。北京、上海作为科技创新中心，两大产业融合度增速放缓可能受制造业外迁和高成本压力影响较大，但依托中关村、张江科学城等载体仍维持高位；山东、浙江等传统制造强省出现国

有制造业与市场化科技服务对接不足、中小制造企业对低端技术服务依赖较大等问题。

表7-17　2012年、2016年、2022年我国各省份制造业与科学研究和技术服务业融合水平

2012年			2016年			2022年		
省份	耦合协调度D	协调等级	省份	耦合协调度D	协调等级	省份	耦合协调度D	协调等级
江苏	0.79	8	广东	0.77	8	江苏	0.76	8
北京	0.73	8	上海	0.76	8	上海	0.75	8
上海	0.72	8	北京	0.67	7	浙江	0.67	7
浙江	0.71	8	山东	0.63	7	北京	0.66	7
山东	0.66	7	浙江	0.62	7	山东	0.59	6
天津	0.57	6	天津	0.55	6	天津	0.50	6
辽宁	0.55	6	河南	0.47	5	四川	0.46	5
湖北	0.53	6	湖北	0.44	5	湖北	0.45	5
四川	0.50	5	福建	0.42	5	河北	0.45	5
湖南	0.48	5	四川	0.42	5	河南	0.44	5
福建	0.48	5	湖南	0.41	5	安徽	0.44	5
安徽	0.46	5	河北	0.40	4	湖南	0.42	5
河南	0.46	5	安徽	0.39	4	福建	0.41	5
吉林	0.44	5	陕西	0.35	4	陕西	0.40	5
陕西	0.44	5	重庆	0.33	4	辽宁	0.38	4
云南	0.42	5	云南	0.33	4	重庆	0.37	4
河北	0.42	5	黑龙江	0.31	4	江西	0.35	4
黑龙江	0.40	5	吉林	0.31	4	贵州	0.34	4
江西	0.40	4	辽宁	0.31	4	新疆	0.33	4
重庆	0.37	4	江西	0.30	4	云南	0.33	4
新疆	0.36	4	新疆	0.29	3	海南	0.32	4
广西	0.34	4	广西	0.28	3	广西	0.31	4
贵州	0.33	4	海南	0.27	3	黑龙江	0.26	3
甘肃	0.33	4	贵州	0.27	3	山西	0.26	3

2012年			2016年			2022年		
省份	耦合协调度D	协调等级	省份	耦合协调度D	协调等级	省份	耦合协调度D	协调等级
内蒙古	0.26	3	甘肃	0.24	3	吉林	0.25	3
海南	0.24	3	青海	0.17	2	内蒙古	0.25	3
山西	0.24	3	内蒙古	0.13	2	甘肃	0.23	3
青海	0.18	2	山西	0.13	2	宁夏	0.19	2
宁夏	0.12	2	宁夏	0.12	2	青海	0.18	2

注：由于部分数据缺失，西藏、香港、澳门、台湾不在统计范围内。

中西部地区部分省份制造业与科学研究和技术服务业融合度有所增长，如湖北依托武汉光谷的产学研协同和科技服务企业集聚，四川依托成渝地区双城经济圈的科创资源整合；河南中原科技城推动科技成果转化政策相关；安徽通过合肥综合性国家科学中心建设，强化了制造业与前沿技术对接。

中西部地区部分省份在制造业与科学研究和技术服务业的融合度上确实有所增长，尤其在近年来的科技创新、产业政策和区域经济合作方面取得了显著进展。湖北依托武汉光谷，将科研机构、科技服务企业和高新技术企业集中起来，推动产学研结合、促进科技成果转化，形成了科技创新与制造业深度融合的局面。同时，制造业与科研力量的结合使得湖北省的制造业在高科技、智能制造、激光技术、光电技术等领域取得了长足进步。

四川和重庆在成渝地区双城经济圈的框架下，推动了区域经济一体化发展，集聚了众多电子信息、航空航天、新材料等高技术企业。通过加强产学研合作，推动科技企业和制造企业的互动，提升了制造业在高技术领域的竞争力。例如，成都在智能制造、信息技术、新能源等领域逐渐形成了产业集群，促进了制造业的升级和产业链的延伸。河南和安徽同样依托国家级科研平台，引导创新资源与制造业紧密结合，在集成电路、光伏产业、新能源汽车等领域取得了积极进展。

第八章　多维度协同视角下制造业与生产性服务业融合路径创新与保障体系重构

第一节　多维度协同视角下制造业与生产性服务业融合路径探索

在多维度协同视角下，制造业与生产性服务业的融合路径创新不仅是技术与组织层面的合作，更是战略、市场、价值链等多个维度的全方位协同。通过多维度的协同，企业能够实现更高效的资源配置、提升市场竞争力，实现产业升级和可持续发展。

一、技术维度协同路径：数字化与智能化融合

在技术维度协同路径中，制造业与生产性服务业的融合主要体现在数字化与智能化技术的深度结合上。该路径强调技术赋能，通过技术协同推动产品的智能化、服务的个性化，实现制造业与生产性服务业的深度融合。

首先，数字化和智能化技术为企业生产效率和产品质量的提升提供了技术支撑。通过引入物联网、大数据、人工智能等技术，制造业可以实现生产过程的实时监控、数据采集和分析，从而对生产环节进行精确控制。例如，智能化设备能够根据实时数据进行自动调整，优化生产流程，减少能源消耗和故障率，从而提高了产品质量和生产效率。生产性服务业通过应用这些技

术，为制造业提供个性化、精准的技术支持和服务，推动制造业在产品设计、生产过程、供应链管理及售后服务等环节的智能化升级。例如，利用智能算法优化供应链管理、物流配送、设备维护等服务，提升服务响应速度和准确性。

其次，数字化与智能化融合通过消除制造业与生产性服务业之间的数据壁垒，促进跨行业融合与协同创新。制造企业通过数字化平台，实现了设备、生产线、供应链等环节的数据实时采集和传输，为服务业提供了准确的生产信息支持。这种信息的高效流动，不仅加速了生产性服务业的响应速度，还帮助服务业精准地提供物流管理、设备维护和质量检测等增值服务，改变了以往单一行业的运作模式。在数智化转型的过程中，制造企业不再只关注生产环节，还开始将生产过程与供应链、客户需求、售后服务等多个环节紧密连接。这种跨领域的整合使得制造业与生产性服务业之间的界限变得模糊，推动了两者的协同创新。

最后，数字化与智能化使得大量数据的产生和流通成为可能，可以有效推动企业实现智能化决策，实现制造业与服务业之间的深度融合和价值创造。一方面，制造业能够利用大数据分析客户需求、市场趋势和生产瓶颈，优化生产流程，提升市场响应速度。另一方面，生产性服务业通过数据共享与协同，为制造业提供预测性维护、定制化的供应链管理方案等更加精准的服务。

二、组织维度协同路径：跨行业团队合作与灵活组织架构

在传统的制造业中，服务业往往被视为附属产业，但随着服务化趋势的兴起，制造企业开始将更多的技术和服务元素整合到其产品和运营中，在此背景下，跨行业团队应运而生。

首先，跨行业团队合作通过不同行业人员间的知识共享与技术交流，促进制造和服务领域的互通和融合，推动新业务模式的形成。一方面，通过跨

行业合作，制造业可以借助生产性服务业中的技术专长，优化生产过程，并通过服务化来增加产品附加值，实现技术与服务的交叉融合。例如，制造企业与IT、数据分析公司合作，实现智能制造、远程监控、预测性维护等，提升生产效率。另一方面，制造业通过与服务业的跨界合作，能根据客户的具体需求提供定制化服务，改善客户体验，从单纯的产品提供者转型为服务提供者。

其次，与层级多、反应迟缓的传统组织架构相比，灵活组织架构能够使企业更迅速地适应市场需求的变化，提升运营效率。制造业与生产性服务业通过组织结构上的协同，建立跨部门、跨行业的合作团队，优化资源配置与业务流程，使得企业能够更快响应市场需求，实现生产、研发、服务一体化。同时，灵活的组织结构创新，也减少了部门间的壁垒，促进了制造业与生产性服务业间的信息共享和资源协同，实现了内外部资源的高效整合。

最后，跨行业团队合作与灵活组织架构，通过推动创新和新商业模式形成，加深制造业与生产性服务业融合。首先，在制造业和生产性服务业的跨行业合作中，不同领域的专家通过知识共享与碰撞，激发出新的创新思维。然后，灵活组织架构促使企业快速搭建跨部门的创新团队，将创新思维转化，试验新产品、新服务和新商业模式。两者相互结合，为新业务模式的孵化和实施提供了强有力的支持。

三、市场维度协同路径：需求导向与全球化竞争

在全球化竞争加剧的背景下，企业不仅需要关注市场需求的变化，还要在全球范围内应对激烈的竞争环境。在这一过程中，需求导向和全球化竞争成为推动市场维度协同路径的重要驱动力。需求导向促使制造业与生产性服务业之间的关系更加紧密，两者的协同合作成为提升整体产业效能的关键路径。而全球化竞争则要求企业在全球范围内优化资源配置、提升竞争力。

客户导向的服务创新是市场维度协同路径的基础。为了满足客户的个性化需求，制造业与生产性服务业需要共同创新产品和服务，共同优化供应链管理。一是分析客户行为和需求，提供量身定制的产品和服务。二是将服务创新从销售后的支持，延伸到产品的整个生命周期。例如，设备制造商提供从设备安装、使用、维护、优化到报废的全生命周期服务，形成一体化的服务模式。三是运用数字化平台，增强与客户的互动，提高服务效率和灵活性。平台可以提供在线咨询、智能推荐、自动化处理等服务，增强客户黏性并提升客户满意度。

全球化竞争通过推动供应链的全球优化和提升创新能力，推动制造业与生产性服务业协调发展。一方面，全球化竞争要求制造业迅速适应不同地区客户的需求。通过与生产性服务业的融合，制造企业在产品设计、技术创新、服务模式等方面进行不断创新，为全球客户提供灵活的、个性化的服务。这种定制化服务反过来帮助制造业更好地满足不同市场的需求，提升客户体验，增强客户忠诚度。另一方面，全球化竞争要求企业优化全球供应链，提高响应速度和生产效率。生产性服务业恰好可以提供全球物流、信息流、资金流等服务，帮助制造企业在全球范围内实现资源的高效配置，从而降低成本、提高效率，实现制造业与生产性服务业之间的物流与供应链协同管理和信息流与数据共享。

四、价值链维度协同路径：价值链重构与生态圈共建

随着全球化、数字化和客户需求的不断变化，制造业与生产性服务业的融合变得愈加紧密。产品生命周期、价值链重构和生态圈共建成为推动这一融合的关键因素，它们不仅影响了两者之间的协作方式，提升了运营效率降低成本，还推动了共享经济等新商业模式、技术应用与服务创新的生成。

产品生命周期（Product Life Cycle，PLC）涵盖了产品从概念设计到退市

的整个过程，制造业与服务业需要实现从产品研发、生产制造到售后服务的全链条协同。通过生产性服务业的参与，制造企业可以提升产品设计的可维护性、可延展性，延长产品的生命周期。在产品的研发和设计阶段，生产性服务业为制造业提供技术支持、市场调研和客户反馈；制造业结合生产性服务业的技术创新，如数字化设计和3D打印技术，可以在产品开发过程中提高效率和降低成本；生产性服务业的设计咨询和创新能力还可以帮助制造企业更好地适应市场需求的变化，提供个性化和定制化的解决方案。在生产与交付阶段，生产性服务业在生产流程优化、智能化生产、预测性维护和供应链优化服务等方面保障了生产过程的持续性和稳定性。在售后服务和产品升级阶段，通过引入维修、保养、数据分析和产品改进等生产性服务，制造企业能够为客户提供更长时间的价值，并建立长期的客户关系。特别是在高价值和复杂产品的维护阶段，制造企业与生产性服务业的合作能有效提升产品的生命周期价值。

价值链重构是指通过优化各环节的资源配置和运作流程，提升整个价值链的效率和竞争力。在供应链的优化与整合过程中，制造业与生产性服务业的资源和技术得以有机结合，生产性服务企业通过提供供应链管理、物流、信息流以及资金流等服务，帮助制造企业提升整体运营效率。例如，制造企业和物流服务提供商的合作，可以实现全球供应链的实时监控，优化库存管理，并减少交付时间。

生态圈共建是指通过多方合作，在共同的价值网络中实现资源共享、利益共赢。企业与上下游合作伙伴、技术提供商、研究机构、行业协会等一起构建行业生态圈，打通产品与服务的上下游链条，通过资源共享、优势互补，共同推动产品的创新、服务的优化以及市场的拓展，实现整体效益的最大化。例如，制造企业与软件开发商、科技公司、物流企业和金融机构等合作，形成跨行业的生态圈；制造企业可以与技术公司共同研发智能产品，借助软件和硬件的结合，提高产品的智能化水平，从而满足市场对高附加值产品的需求。

生态圈共建同时促进了共享经济和商业模式的创新。在这种生态系统中，制造企业和服务业企业不再是单纯的竞争者，而是相互依存的伙伴关系，还可以通过合作，探索新的商业模式，例如产品共享、按需服务和订阅制服务等。这些新兴商业模式为制造企业开辟了新的市场和盈利点，提升了企业的市场适应能力和盈利能力。

五、战略维度协同路径：战略性资源整合与长期发展战略统一

战略性资源整合与长期发展规划通过推动资本人才等资源整合、技术创新和市场拓展的同步发展，形成协同效应，推动了制造业与生产性服务业之间的深度融合，并实现双向增长。

制造业与服务业共同整合核心资源，形成战略联盟。技术资源整合方面，促进制造业和生产性服务业之间信息、数据、技术的互通。制造业通过引入先进的生产性服务（如工业设计、研发服务、供应链管理等），提升自身的生产能力、效率和创新能力；生产性服务业也可以借助制造业的技术、设备和生产能力，推动服务创新和服务质量的提升。资本资源整合方面，生产性服务业给予制造业更多的资金支持，推动新产品的研发和市场扩展，同时提升自身在市场中的竞争力。人力资源整合方面，不同技术背景和知识结构的人才通过交流与协作，提升整个产业链的创新能力和市场响应速度。

长期发展战略的统一，需要制造业与生产性服务业共同设定未来的合作方向，明确技术创新、市场拓展、客户服务等方面的战略目标，确保双方在资源投入和战略决策中保持一致性，通过统一战略方向，形成合力。同时，制造业与服务业根据市场变化和产业趋势设定阶段性合作目标，推动技术创新、产品研发和市场拓展的协同发展。

六、创新能力维度协同路径：开放式创新与协同创新机制

开放式创新与协同创新机制在制造业与生产性服务业融合中的作用是深远的。开放式创新促进了外部技术和资源的引入，为两者的融合提供了新思路和技术支持；而协同创新机制则通过加强两者之间的合作，推动了技术、产品、服务等多方面的创新，增强了双方的市场竞争力。两者的结合，不仅优化了资源配置，推动了技术和服务的融合，还在市场需求变化的驱动下促进了商业模式的创新，推动了制造业与服务业的深度融合与共同发展。

开放式创新强调通过外部知识、技术和资源的引入，鼓励企业与外部合作伙伴（如高校、研究机构、初创企业等）共享技术成果。在协同创新框架下，服务业可以帮助制造业在生产过程中引入智能化技术和数字化技术，提升制造效率和生产精度。制造业则可以为服务业提供硬件支持，帮助其实现技术落地和规模化，两大行业通过深度合作共享核心技术，推动跨行业、跨领域的技术融合转化与创新。

协同创新机制侧重于企业之间在资源、能力和知识等方面的紧密合作，制造业与服务业可以通过协同创新共同开发新技术、新产品和新服务，实现优势互补、资源共享和共同创新。一是联合研发与产品创新。服务业可以通过协同创新为制造业提供基于用户需求的创新方案，将个性化定制、数据分析等技术融入产品中，形成更具市场竞争力的产品组合。二是服务升级与产品支持。通过制造业与生产性服务业深度协同创新，改进传统的售后服务、维修服务等，发展出智能化、数据驱动的服务模式。例如利用服务业的云平台提供远程监控与诊断服务，减少设备故障率，提高客户满意度。三是搭建创新生态系统，共同创新。聚合行业内外的创新力量，推动技术共享与知识交流。建立联合实验室、产业联盟等，共享技术资源、市场数据、客户反馈等，促使双方与其他行业的企业共同研究和开发新技术、新产品，甚至探索新的商业模式，加速技术应用的普及。

七、社会与环境维度协同路径：绿色转型与循环经济

绿色转型与循环经济对制造业与生产性服务业融合的影响路径是一个多维度的过程，涉及环境可持续性、资源优化、技术创新以及商业模式的改变。通过绿色转型和循环经济的引导，制造业与服务业能够共同创新绿色产品和服务，优化资源配置，提升市场竞争力；而循环经济模式的实施则通过推动资源的高效利用和闭环管理，进一步促进了制造业与服务业的协同发展。两者的融合，不仅能够实现绿色可持续发展，通过社会责任的共担提升整体社会效益，还能在资源利用效率和竞争力方面获得优势。

绿色转型是指在生产、消费及整个产业链过程中，推动环境友好型技术、产品和服务的创新，以减少资源消耗、能源使用、碳排放及污染。企业在绿色转型过程中，通过资源共享和优化配置、共同研发和采用低碳减排等绿色技术来实现协同效应。例如，服务业可以提供绿色供应链管理、废弃物回收与再利用技术的支持，帮助制造企业降低资源消耗，并提高整体生产效率；制造业则可以向服务业提供节能型产品、设备及智能化解决方案，推动绿色技术的普及应用。

循环经济是一种在整个生产和消费生命周期内，通过资源的高效使用、重复使用、再制造和回收来减少资源浪费和污染的经济模式，它主张从"生产→消费→废弃"向"生产→消费→回收→再利用"转变。循环经济要求制造业从产品设计、生产到销售后的回收、再利用等环节进行全面优化，实现闭环。制造业可以在设计阶段注重产品的可回收性和再制造性，而生产性服务业则可以提供后续的回收、再加工、维修等服务，两者在循环经济模式下实现深度合作。

第二节　制造业与生产性服务业深度融合的保障体系构建

当前，我国制造业与生产性服务业深度融合发展面临多重现实挑战，包括数据孤岛、数字化转型成本高、复合型人才短缺、服务生态碎片化以及产业链韧性不足等问题。为了突破这些障碍，必须构建一个完善的保障体系，包括政策支持与法律保障、技术支撑与数据保障、技术创新与人才支持、资源整合与资金保障、产业集群与生态保障、协同管理、风险防范、绿色低碳与可持续发展等方面，通过系统性整合各类资源和优化产业链结构，推动制造业与生产性服务业的深度融合，提升整体竞争力和抗风险能力，推动产业向更加智能化、绿色化和高质量方向发展。

一、政策支持与法律保障措施

（一）完善顶层设计与政策支持

第一，制定国家层面的《制造业与生产性服务业深度融合行动计划》，明确融合目标、重点领域（如智能制造、工业设计、供应链管理、数据服务）和实施步骤。第二，优化税收政策，对参与融合的企业给予研发费用加计扣除、设备购置补贴、服务化转型专项补贴等支持，鼓励制造业与生产性服务业在技术创新、市场拓展等方面的合作，减少行政壁垒。第三，破除行业壁垒，推动跨部门、跨行业的政策协同，建立统一的行业标准体系和技术规范，推动制造业与服务业在协作中的规范化与标准化。例如，统一技术接口、数据交换标准等，减少技术壁垒和信息孤岛，实现更顺畅的合作。第四，制定产业融合激励措施。通过设立产业融合基金、产业发展专项基金（如政府引导资金、创新奖励）等方式，支持制造业和生产性服务业的深度融合，尤其是在智能制造、数字化转型等领域，推动融合创新。

（二）创新体制机制

第一，设立"制造业–服务业融合推进办公室"，统筹协调工信、科技、财政、金融等部门资源，形成政策合力。第二，推行"链长制"，由行业龙头企业牵头整合上下游服务资源，形成"制造+服务"全链条协同模式。第三，建立融合成效动态评估机制，如制造业服务业融合指数，量化评价融合进展。

（三）打造融合的法律环境

制定或修订相关法律法规，确保跨行业合作的法律保障，特别是在知识产权保护、数据共享与隐私保护等方面，确保双方合作的法律基础清晰且公正。第一，加强知识产权保护，在合作中，制造业与服务业的技术与创新成果需要明确产权归属。政府应完善知识产权保护法律，确保合作双方在技术研发、创新设计中的知识产权归属得到清晰界定，避免因技术侵权而导致合作矛盾。第二，建立完善的合同法律体系，为跨行业的合作提供法律支持和保障。为了确保合作的顺利进行，政府可以制定行业合作协议模板，明确合作过程中各方的权利与义务，帮助企业规范合作条款，避免不公平的合作关系和利益分配。

二、技术支撑与数据保障措施

（一）强化数字化技术支撑

第一，加快工业互联网平台建设，支持龙头企业搭建行业级平台，推动设备联网、数据共享和服务协同。第二，推广5G、AI、数字孪生等技术在远程运维、智能诊断、预测性维护等场景的应用，提升服务效率。第三，设立

"制造业服务化转型专项基金"，支持中小企业数字化转型。第四，使用数字化管理工具，利用数字化技术（如企业资源计划ERP、供应链管理SCM、客户关系管理CRM等）进行跨行业管理，实现资源的精细化调配，降低管理成本，提高工作效率。

（二）构建数据共享与安全体系

第一，建立产业链数据共享平台，明确数据确权、流通和收益分配规则，促进制造企业与服务企业数据互通。第二，制定工业数据分类分级保护制度，强化数据加密、隐私计算等安全技术应用。第三，推动区块链技术在供应链金融、质量追溯等领域的应用，增强数据可信度。

三、技术创新与人才支持措施

（一）搭建技术协同与共享平台

第一，共建技术研发平台。制造业与服务业可以通过共建技术创新平台、联合实验室、技术中心等方式，实现技术的共同研发和共享。通过合作，提升技术创新能力，推动创新成果的共享与快速转化。第二，重视技术标准化与互通性。应推动制定行业统一的技术标准，实现技术在不同行业间的互操作性和标准化，特别是在智能制造、物联网、大数据等技术领域，促进制造业与服务业的无缝衔接。第三，统一制造业和服务业的核心业务流程，并根据实际需求不断优化。这些流程包括产品设计、研发、生产、营销、售后等环节的协同工作标准，以确保各环节的无缝对接。

（二）培养跨行业复合型人才

随着制造业与服务业深度融合，企业对复合型人才的需求不断增加。政府和企业应共同努力，推动培养具备制造业与服务业交叉知识的复合型人才，尤其是在数字化转型、智能制造、数据分析、服务创新等领域，提升人才的创新能力、跨行业协作能力及适应新技术的能力。第一，推动高校设立"智能制造+服务管理"交叉学科，培养兼具工程技术和服务创新能力的人才。第二，建立校企联合培养机制，推广"订单班""双导师制"，强化实践能力。第三，支持职业院校开展工业机器人运维、数据分析师等服务型制造技能培训。第四，鼓励企业建立知识共享平台，推动不同部门、不同领域的员工共享技术文档、研发成果、工作经验等，通过知识共享，提升整个组织的创新能力和协作效率。

（三）优化人才激励与引进机制

第一，建立多元化的人才激励机制，如物质激励、职业发展路径、技术创新奖励等，激发人才的创新能力，并鼓励企业共享人才资源。第二，对关键技术人才实施股权激励、成果转化收益分成等政策。第三，加强对高端技术人才的引进，特别是在智能化制造、大数据分析、人工智能等领域。实施"服务型制造人才专项计划"，吸引全球高端技术和管理人才。在重点城市建立"制造业服务化创新中心"，提供人才公寓、科研经费等配套支持。

四、资源整合与资金保障措施

（一）构建综合服务平台

第一，建立数据交换平台、资源共享平台，促进制造业与生产性服务业之间资源、数据与技术的共享，促进两者的协同工作。第二，政府和行业协会推动构建综合性服务平台，整合行业内外的各类服务资源，包括技术支持、市场营销、研发服务、人才培训等。通过平台化运作，实现资源的共享和对接，解决行业服务生态碎片化的问题，降低信息不对称，提高合作效率。

第三，加强平台的开放性与协同性，为不同企业提供个性化、定制化的服务，同时促进制造业与服务业之间的深度协作。

（二）拓宽融资渠道

第一，设立国家级"制造业-服务业融合专项基金"，帮助企业解决资金瓶颈，支持他们在创新、转型等方面的项目。第二，鼓励银行开发"服务化转型贷款"产品，降低融资门槛和利率。第三，推广供应链金融、知识产权质押融资，解决中小微企业融资难题。第四，鼓励金融机构为跨行业合作项目提供融资服务，尤其是对那些具有创新潜力但风险较高的项目，可以通过低利贷、风险投资等形式进行支持。

（三）创新资本支持模式

第一，支持符合条件的融合型企业通过科创板、北交所上市融资。第二，鼓励发行绿色债券、科创债券，吸引社会资本参与融合项目。第三，推动保险机构开发"服务化转型风险保险"，降低企业试错成本。

五、产业集群与生态保障措施

（一）打造融合示范区

第一，在长三角、珠三角、成渝地区等先进制造业集群建设"制造+服务"融合示范区，形成"核心工厂+服务园区"联动模式。第二，支持建设工业设计中心、共享实验室、检验检测认证平台等公共服务设施。第三，培育第三方专业服务商（如工业电商、工业软件服务商），完善服务生态。

（二）推动跨区域协同

第一，建立跨区域产业链协作机制，探索"飞地经济""总部-基地"等合作模式。第二，搭建区域间技术转移和成果转化平台，促进资源共享。第三，构建多方共赢的产业生态，形成以创新为驱动的产业生态系统。在此生态系统中，生产者、服务提供商、客户、科研机构等各方资源高度协同，确保各方利益共享，形成长久的合作关系。

（三）推动行业生态系统建设

第一，建立产业链上下游合作机制，打破行业碎片化局面。通过建立共同的利益机制，推动从研发到生产、销售、售后服务的全面整合，增强行业生态系统的凝聚力和竞争力。第二，促进中小企业参与生态圈建设。政府应支持中小企业通过共享平台、合作社等方式加入大产业生态系统，通过合作与资源共享，打破大企业与中小企业之间的壁垒，提升整个产业链的整体协同效应。第三，合作开发新市场，制造业与生产性服务业企业应共同制定市场拓展战略，依托双方的优势共同进入新兴市场，开发出更多符合市场需求的高附加值产品和服务，扩大国际市场份额。第四，基于客户需求的创新合作，以客户需求为导向，共同开发定制化、智能化、高端化的产品和服务，提升市场竞争力和客户满意度。

六、协同管理与组织模式创新

（一）建立跨部门协作机制

第一，组建跨部门协同工作小组。在企业内部组建跨职能的小组，成员来自制造、服务、技术、市场等多个领域，确保从战略、技术、生产到服务的全链条管理。小组定期召开会议，进行项目评估、风险分析和决策。第二，实施项目经理负责制。每个合作项目应指定一名项目经理负责整体协调，确保项目按计划进行，项目经理需要具备跨行业的知识和技能，能调动各方资源，解决合作过程中出现的问题。第三，完善实时数据监控与反馈机制。建立实时监控机制，对合作项目的各项数据进行动态跟踪和分析，确保项目进度、质量和效果的即时反馈，便于及时发现问题并作出调整。第四，应用工作流自动化与数字化工具，采用先进的项目管理工具和协作软件（如Asana、Trello等）来优化工作流程，使得任务分配、进度跟踪、问题解决等环节更加透明和高效。

（二）组织模式创新

第一，实施项目化管理模式。按项目设立临时组织结构，对于每个合作项目，设立专门的项目小组，组员根据项目需求从不同部门抽调，形成一个临时的跨部门团队，专注于项目目标的达成，避免组织的层级化管理带来的协调障碍，提升项目执行效率。第二，实施动态资源调配机制。项目小组在执行过程中，可以根据项目的实际需求灵活调配资源，包括人力、设备、资金等，确保资源能够高效支持项目进展。第三，设立跨职能的协作团队，来自研发、生产、市场、客户服务等不同业务领域的团队成员，共同负责产品的设计、开发、生产和后期服务，确保产品和服务能够从客户需求出发，达到最大的价值。第四，采取扁平化管理结构，减少管理层级，提高决策速度和响应效率，可以加快信息流动，缩短反应时间，提高跨部门、跨行业协作的灵活性。第五，建立弹性工作岗位，员工可以根据自身技能和项目要求，灵活调整岗位和职责，促进人员的跨职能流动，提升工作效率和创新能力。

（三）创新驱动的团队与组织文化建设

第一，设立创新型团队。政府、科研单位、企业共同成立跨部门、跨行业的创新团队，聚焦于特定的技术研发或市场拓展问题，特别是在智能制造、人工智能、大数据等新兴领域的应用。创新型团队应鼓励成员提出新思路、新方法，并提供充足的时间和资源进行实验和验证。第二，推动开放式创新，制造业和生产性服务业可以共同参与研发、设计和创新过程。例如，企业可以与外部科研机构、高校以及行业伙伴合作，整合外部知识和技术，提升产品和服务的竞争力。第三，培养协同文化，通过内部文化建设，培养员工的协同合作精神。塑造以团队协作为核心的工作氛围并通过示范作用来推动这种文化的传递。

七、风险防范与产业链韧性

（一）产业链关键环节风险预警机制

第一，风险建模与量化评估。通过专家评估+数据建模，识别产业链中依赖进口技术、设备的环节（如芯片制造、工业软件），建立技术清单。并绘制关键产品的全球供应链地图，在单一供应商、地缘政治冲突等区域标注潜在断供风险点。第二，设定分级预警机制及紧急预案。设定红、橙、黄、蓝四级预警等级，针对不同风险级别制定差异化响应策略。例如，红色预警触发时，立即启动国产备份方案，协调供应链切换，同时启动技术攻关专项。第三，推动国产化替代。一方面，聚焦工业软件内核算法、高端检测设备核心部件等领域，设立国家级重大专项，支持关键工业软件、高端检测设备的自主研发。另一方面，在轨道交通、5G、新能源等战略领域，优先采用国产工业软件和检测设备，通过重大工程应用倒逼技术成熟。

（二）强化供应链应急机制

第一，推动制造业与服务业采用数字化供应链管理系统，提高供应链的灵活性与响应速度。通过数字技术优化生产计划、库存管理和订单管理，减少供应链中断的风险。第二，在供应链和服务体系中建立应急响应机制，提升产业链在突发事件中的应对能力。例如，可以通过多元化的供应商、跨行业合作等方式，增强产业链的应变能力。第三，建立跨行业的联盟，形成应对市场波动、政策变化等外部冲击的能力，通过共同研发、风险分担等方式增强产业链韧性。

八、绿色低碳导向与可持续发展

（一）低碳技术驱动碳减排

第一，推广可再生能源（光伏、氢能）在制造环节的应用，建设零碳工厂。通过在制造过程中引入光伏和氢能等可再生能源，减少对传统化石能源的依赖，进而实现工厂的碳排放归零，提升企业的环境形象。第二，将绿色服务融入制造环节，引入碳足迹追踪系统，帮助企业实时监控和减少碳排放。推广绿色供应链管理，确保从原材料采购到产品交付的整个生产流程中都尽量减少环境影响，推动整个供应链的绿色化。第三，对采用低碳技术的企业给予税收减免和补贴支持。例如，通过税收减免或直接补贴，降低企业的转型成本，从而更有动力向绿色低碳的方向发展。第四，加强碳捕捉、碳利用与封存（CCUS）技术的研发，以减少工业生产中的碳排放，优化节能工艺，提高企业的能源使用效率，进一步减少碳足迹。第五，将碳资产管理和能源监测纳入制造过程中的日常管理，通过实时数据分析和优化措施，帮助企业更好地进行能源管理与排放监控，提升其绿色生产能力。

（二）形成循环经济新模式

第一，构建工业固废资源化体系，推动"设计—生产—回收—再利用"闭环。通过构建完整的资源化体系，工业固体废弃物不再仅仅是废弃物，而是可以重新进入生产环节的资源。从产品设计开始，就考虑材料的可回收性、易拆解性等因素，在制造过程中减少废料生成，生产结束后则通过回收和再利用形成闭环，减少资源消耗和环境污染，创造新的经济价值。第二，推动服务化转型与循环经济结合，发展再制造、废弃物资源化服务，延长产品生命周期。第三，推广绿色金融工具（如绿色债券、ESG投资），为绿色项目提供融资，引导资金流向符合可持续发展的项目，强化环境保护、社会责任和良好治理的实践，推动可持续发展。

结　语

　　制造业与生产性服务业的融合是一个长期且动态的过程，它不仅涉及技术创新、管理模式的变革，还牵涉到政策引导、市场需求以及企业的战略调整等多个因素。要促进这两大行业的深度融合，不仅需要宏观层面的政策设计与支持，还必须从微观层面着眼，制定差异化的路径与策略，以适应不同规模、不同类型企业的实际需求。本书虽建立了基于产业规模、经济效益、成长潜力、社会贡献以及环境约束五个方面的产业发展评价体系，从时空演变角度对制造业与生产性服务业融合水平进行分析，但更多的是侧重于宏观机制与政策设计，对微观企业融合路径的差异化策略探讨不足。

　　未来，随着制造业和生产性服务业融合的不断加深，促使两者之间的协同作用、资源共享和创新能力的提升将成为推动经济高质量发展的重要动力。为了确保这一融合过程的顺利推进，需要在宏观机制、政策设计以及微观企业融合路径的探索等方面进行更为深入的研究和细化。一是差异化策略的进一步研究与实施。随着市场需求、技术进步、行业特性及企业规模的变化，探索和实施针对不同规模、行业和发展阶段企业的差异化融合路径显得尤为重要。二是政策设计的精细化与动态调整。为了实现制造业与生产性服务业的深度融合，政策的制定不仅要具有前瞻性，还需要根据市场需求和行业发展趋势进行动态调整。三是基于企业面板数据，量化分析政策工具（如税收优惠、专项基金）对融合绩效的影响效应。四是国际比较。理解不同国家在生产性服务与制造业融合方面的成功经验、失败教训，以及其适应性，为我国提供可借鉴的经验，并结合我国的具体国情制定适合的政策和路径。

参考文献

BOSWORTH B P, TRIPLETT J E, 2007. The Early 21st Century U. S. Productivity Expansion is Still in Service [J]. International Productivity Monitor , (14): 3-19.

BRORING S, LEKER J, 2007. Industry convergence and its implications for the front end of innovation: a problem of absorptive capacity [J]. Creativity and Innovation Management, 16(2): 165-175.

BROWNING H L, SINGELMANN J, 1975. The emergence of a service society: Demographic and sociological aspects of the sectoral transformation of the labor force in the USA [R]. Springfield, VA: National Technical Information Service, 06: 342.

COFFEY W J, 2000. The geographies of producer services [J]. Urban geography, 21(2): 170-183.

COHEN S, ZYSMAN J, 1987. Manufacturing Matters: The myth of the post-industrial economy [J]. California Management Review, 29(3): 9-26.

COMBES P P, 2000. Economic structure and local growth: France, 1984 – 1993 [J]. Journal of Urban Economics, 47(3): 329-355.

DESMET K, FAFCHAMPS M, 2005. Changes in the spatial concentration of employment across US counties: A sectoral analysis 1972 – 2000 [J]. Journal of Economic Geography, 5(3): 261-284.

DING D, FERRAS HERNANDEZ X, AGELL JANE N, 2023. Combining lean and agile manufacturing competitive advantages through Industry 4. 0 technologies: An integrative approach [J]. Production Planning & Control, 34(5): 442-458.

DUYSTERS G, HAGEDOORN J, 1998. Technological Convergence in the IT Industry: The Role of Strategic Technology Alliances and Technological Competencies [J]. International Journal of the Economics of Business, 5(3): 355-368.

ESWARAN M, KOTWAL A, 2002. The role of the service sector in the process of industrialization [J]. Journal of Development Economics, 68(2): 401-420.

FAI F, VON TUNZELMANN N, 2001. Industry-specific competencies and converging techno-logical systems: evidence from patents [J]. Structural Change and Economic Dynamics, 12(2): 141-170.

FRANCOIS J, HOEKMAN B, 2010. Services Trade and Policy [J]. Journal of Economic Litera-ture, 48(3): 642-692.

GAMBARDELLA A, TORRISI S, 1998. Does technological convergence imply convergence in markets? Evidence from the electronics industry [J]. Research Policy, 27(5): 445-463.

GREENFIELD H I, 1966. Manpower and the Growth of Producer Services [M]. New York: Co-lumbia University Press.

GRUBEL H, WALKER M, 1989. Service industry growth: causes and effects [J]. Canadian Pub-lic Policy, 15（4）: 463-482.

GUARIGLIA A, LIU P, 2014. To what extent do financing constraints affect Chinese firms' inno-vation activities? [J]. International Review of Financial Analysis, (36): 223-240.

GUErrieri P, Meliciani V, 2005. Technology and international competitiveness: The interdepen-dence between manufacturing and producer services [J]. Structural Change and Economic Dy-namics, 16(4): 489-502.

HAILU A, VEEMAN T S, 2000. Environmentally sensitive productivity analysis of the Canadian pulp and paper industry, 1959-1994: An input distance function approach [J]. Journal of Envi-ronmental Economics and Management, 40(3): 251-274.

HAN S C, HAN Y H, 2014. IT Convergence with Traditional Industries and Short-Term Re-search and Development Strategy in Korea [J]. Intelligent Automation & Soft Computing, 3 (7): 3-14.

HANSEN N, 1990. Do producer services induce regional economic development? [J]. Journal of regional Science, 30(4): 465-476.

HARRINGTON JR J W, LOMBARD J R, 1989. Producer-service firms in a declining manufac-turing region [J]. Environment and Planning A, 21(1): 65-79.

HOWELLS J, GREEN A, 1988. Technological innovation, structural change and location in UK services [M]. Gower Publishing.

JORGENSON D W, STIROH K J, 2000. US economic growth at the industry level [J]. American

Economic Review, 90(2): 161-167.

KOH H J, RIEDEL N, 2014. Assessing the localization pattern of German manufacturing and service industries: A distance-based approach [J]. Regional Studies, 48(5): 823-843.

KOOPMAN R, WANG Z, WEI S J, 2014. Tracing value-added and double counting in gross exports [J]. American Economic Review, 104(2): 459-494.

LESEURE M, GOLDHAR J, BERG D, 2010. Blurring the Boundary: Convergence of Factory and Service Processes [J]. Journal of Manufacturing Technology Management, 21(3): 341-354.

LODEFALK M, 2014. The role of services for manufacturing firm exports [J]. Review of World Economics, 150: 59-82.

LUNDVALL B Å, BORRAS S, 2002. The Globalising Learning Economy [M].Oxford University Press.

MACPHERSON A, 2008. Producer service linkages and industrial innovation: Results of a twelve-year tracking study of New York State manufacturers [J]. Growth and Change, 39(1): 1-23.

MARKUSEN J R, 1989. Trade in producer services and in other specialized intermediate inputs [J]. The American Economic Review: 85-95.

MBANYELE W, WANG F, 2021. Environmental Regulation and Technological Innovation: Evidence from China. [J]. Environmental Science and Pollution Research International, 29(9): 12890-12910.

OSBORNE S P, NASI G, POWELL M, 2021. Beyond co-production: Value creation and public services [J]. Public Administration, 99(4): 641-657.

PALANGE A, DHATRAK P, 2021. Lean manufacturing a vital tool to enhance productivity in manufacturing [J]. Materials Today: Proceedings, 46: 729-736.

PARK S H, CHAN K S, 1989. A cross-country input-output analysis of intersectoral relationships between manufacturing and services and their employment implications [J]. World Development, 17(2): 199-212.

REPETTO R, ROTHMAN D, FAETH P, et al. , 1997. Has environmental protection really reduced productivity growth? [J]. Challenge, 40(1): 46-57.

RESTUCCIA D, YANG D T, ZHU X, 2008. Agriculture and aggregate productivity: A quantitative cross-country analysis [J]. Journal of Monetary Economics, 55(2): 234-250.

RIDDLE D, 1986. Service Led Growth: the Role of the Service Sector in World Development [M].

New York: Praeger Publishers.

ROSENBERG N, 1963. Technological change in the machine tool industry, 1840—1910 [J]. The Journal of Economic History, 23(4): 414-443.

SAHAL D, 1985. Foundations of technometrics [J]. Technological Forecasting and Social Change, 27(1): 1—37.

SHEARMUR R, DOLOREUX D, 2008. Urban hierarchy or local buzz? High-order producer service and (or) knowledge-intensive business service location in Canada, 1991—2001 [J]. The Professional Geographer, 60(3): 333-355.

SUEDEKUM J, 2006. Concentration and specialization trends in Germany since re-unification [J]. Regional Studies, 40(8): 861-873.

SUZUKI J, KODAMA F, 2004. Technological diversity of persistent innovators in Japan : Two case studies of large Japanese firms [J]. Research Policy, 33(3): 531-549.

TIEN J M, 2011. Manufacturing and services: From mass production to mass customization [J]. Journal of Systems Science and Systems Engineering, 20: 129-154.

TORRISI S, GAMBARDELLA A, 1998. Does Technological Convergence Imply Convergence in Markets? Evidence from the Electronics Industry [J]. Research Policy, 27(5): 445-463.

VANDERMERWE S, RADA J, 1988. Servitization of Business: Adding Value by Adding Services [J]. European Management Journal, 6(4): 314-324.

VENABLES A J, 1996. Equilibrium Location of Vertical Linked Industries [J]. International Economic Review, 37(2): 341 -360.

WANG Y X, 2024. Study on the relationship between economic growth and environmental pollution in Shanxi province based on EKC [J]. Applied Mathematics and Nonlinear Sciences, 9 (1): 1-19.

XING W, YE X, KUI L, 2011. Measuring convergence of China's ICT industry: An input－output analysis [J]. Telecommunications Policy, 35(4): 301-313.

YOFFIE D B, 1996. Competing in the age of digital convergence [J]. California Management Review, 38(4): 31.

YU X, WANG P, 2021. Economic effects analysis of environmental regulation policy in the process of industrial structure upgrading: Evidence from Chinese provincial panel data [J]. Science of the Total Environment, 753: 142004.

蔡昉，都阳，王美艳，2008.经济发展方式转变与节能减排内在动力 [J]. 经济研究，（6）：4-11，36.

蔡群起，龚敏，2016.中国生产性服务业的规模与结构——基于40个经济体投入产出表的比较分析 [J]. 经济问题探索，（9）：154-165.

曹菲，聂颖，2021.产业融合、农业产业结构升级与农民收入增长——基于海南省县域面板数据的经验分析 [J]. 农业经济问题，（8）：28-41.

钞小静，元茹静，2023.数字技术对制造业与服务业融合发展的影响 [J]. 统计与信息论坛，38（4）：33-47.

陈凤先，夏训峰，2007.浅析"产业共生" [J]. 工业技术经济，（1）：54-56.

陈国亮，陈建军，2012.产业关联、空间地理与二三产业共同集聚——来自中国212个城市的经验考察 [J]. 管理世界，（4）：82-100.

陈菁菁，陈建军，邹苗苗，2016.产业动态与集聚经济——一个基于前沿文献的研究 [J]. 生产力研究，（11）：59-64.

陈柳钦，2008.产业融合问题研究 [J]. 长安大学学报（社会科学版），（1）：1-10.

陈倩，汪传旭，2015.基于产业关联模型的物流与金融协同发展实证分析 [J]. 商业经济研究，（24）：43-45.

陈蓉，陈再福，2017.福建省制造业与生产性服务业协同集聚研究 [J]. 福建农林大学学报（哲学社会科学版），20（1）：37-42.

陈松青，周琴，2018.制造业结构、规模与研发投入对生产性服务业发展的影响——基于随机前沿模型的分析 [J]. 科技与管理，20（3）：51-57.

陈文鹤，韩明华，2015.生产性服务业与制造业融合发展与行业差异研究——基于浙江的实证分析 [J]. 科技与管理，17（5）：28-36.

陈宪，黄建锋，2004.分工、互动与融合：服务业与制造业关系演进的实证研究 [J]. 中国软科学，（10）：65-71，76.

陈晓华，刘慧，2016.生产性服务业融入制造业环节偏好与制造业出口技术复杂度升级——来自34国1997—2011年投入产出数据的经验证据 [J]. 国际贸易问题，（6）：82-93.

陈秀玲，2023.我国物流业与制造业融合发展测度及驱动机理研究 [D]. 南昌：江西财经大学.

陈阳，2018.制造业与生产性服务业的协同集聚时空演变——基于东北三省地级市数据 [J]. 区域经济评论，（3）：33-41.

程广斌，杨春，2019. 中国省域产业融合能力：理论解构、评价方法及时空分异分析 [J]. 科技进步与对策，36（7）：61-67.

程俊杰，陈柳，2021. 长江经济带产业发展的结构协调与要素协同 [J]. 改革，（3）：79-93.

丁博，曹希广，邓敏，等，2019. 生产性服务业对制造业生产效率提升效应的实证分析——基于中国城市面板数据的空间计量分析 [J]. 审计与经济研究，34（2）：116-127.

董驰，梁源源，王超，2023. 数字经济赋能生产性服务业和制造业高质量融合发展研究 [J]. 南都学坛，43（6）：109-117.

杜传忠，王鑫，刘忠京，2013. 制造业与生产性服务业耦合协同能提高经济圈竞争力吗?——基于京津冀与长三角两大经济圈的比较 [J]. 产业经济研究，（6）：19-28.

杜宇玮，2017. 中国生产性服务业对制造业升级的促进作用研究——基于效率视角的评价 [J]. 当代经济管理，39（5）：65-72.

范剑勇，2006. 产业集聚与地区间劳动生产率差异 [J]. 经济研究，（11）：72-81.

方来，韩君，柴娟娟，2016. 生产性服务业与制造业关联效应研究——基于2002-2012年甘肃省投入产出表的实证分析 [J]. 财政研究，（11）：103-109.

冯严超，王晓红，2018. 中国制造业与生产性服务业协同集聚对新型城镇化的影响研究 [J]. 经济问题探索，（11）：66-76.

傅为忠，金敏，刘芳芳，2017. 工业4.0背景下我国高技术服务业与装备制造业融合发展及效应评价研究——基于AHP-信息熵耦联评价模型 [J]. 工业技术经济，36（12）：90-98.

高觉民，李晓慧，2011. 生产性服务业与制造业的互动机理：理论与实证 [J]. 中国工业经济，（6）：151-160.

高煜，刘志彪，2008. 改革30年我国产业发展演进的历史回顾与前瞻 [J]. 西北大学学报（哲学社会科学版），（2）：5-13.

高智，鲁志国，2019. 系统耦合理论下装备制造业与高技术服务业融合发展的实证研究 [J]. 系统科学学报，27（2）：63-68.

顾乃华，毕斗斗，任旺兵，2006. 生产性服务业与制造业互动发展：文献综述 [J]. 经济学家，（6）：35-41.

顾乃华，朱文涛，2019. 生产性服务业对外开放对产业融合的影响——基于行业面板数据的实证研究 [J]. 北京工商大学学报（社会科学版），34（4）：11-20.

郭朝先，2019. 产业融合创新与制造业高质量发展 [J]. 北京工业大学学报（社会科学版），19（4）：49-60.

韩民春，袁瀚坤，2020.生产性服务业与制造业融合对制造业升级的影响研究——基于跨国面板的分析 [J].经济问题探索，（12）：150-161.

韩顺法，李向民，2009.基于产业融合的产业类型演变及划分研究 [J].中国工业经济，（12）：66-75.

韩同银，李宁，2017.河北省生产性服务业集聚对制造业升级的影响——基于京津冀协同发展视角 [J].河北经贸大学学报，38（5）：83-88.

何卫华，熊正德，2019.数字创意产业的跨界融合：内外动因与作用机制 [J].湖南社会科学，（6）：95-102.

贺小丹，田新民，2018.高端生产性服务业水平、结构及对制造业渗透性研究——以京津冀地区为例 [J].首都经济贸易大学学报，20（5）：59-68.

贺正楚，吴艳，陈一鸣，2015.生产服务业与专用设备制造业耦合发展研究 [J].系统管理学报，24（5）：778-783.

洪群联，2021.中国先进制造业和现代服务业融合发展现状与"十四五"战略重点 [J].当代经济管理，43（10）：74-81.

胡金星，2007.产业融合的内在机制研究 [D].上海：复旦大学，.

胡晓鹏，李庆科，2009.生产性服务业与制造业共生关系研究——对苏、浙、沪投入产出表的动态比较 [J].数量经济技术经济研究，26（2）：33-46.

胡永佳，2007.产业融合的经济学分析 [D].北京：中共中央党校.

华广敏，2019.高技术服务业对中国制造业效率影响动态变迁 [J].科学学研究，37（12）：2168-2175.

江小涓，李辉，2004.服务业与中国经济：相关性和加快增长的潜力 [J].经济研究，（1）：4-15.

李佳洺，孙铁山，张文忠，2014.中国生产性服务业空间集聚特征与模式研究——基于地级市的实证分析 [J].地理科学，34（4）：385-393.

李蕾，刘荣增，2022.产业融合与制造业高质量发展：基于协同创新的中介效应 [J].经济经纬，39（2）：78-87.

李琳，廖斌，徐洁，2022.中国区域制造业与生产性服务业融合效率测算与潜力优化 [J].统计与信息论坛，37（6）：62-74.

李宁，韦颜秋，2016.天津市生产性服务业与制造业协同发展研究 [J].地域研究与开发，35（6）：12-16.

李平，付一夫，张艳芳，2017.生产性服务业能成为中国经济高质量增长新动能吗 [J]. 中国工业经济，（12）：5-21.

李晓钟，杨丹，2016.我国汽车产业与电子信息产业耦合发展研究 [J]. 软科学，30（11）：19-23.

厉无畏，2002.产业融合与产业创新 [J]. 上海管理科学，（4）：4-6.

梁红艳，2021.中国制造业与物流业融合发展的演化特征、绩效与提升路径 [J]. 数量经济技术经济研究，38（10）：24-45

梁经伟，刘尧飞，2021.生产性服务业嵌入制造业的影响机制研究——基于全球价值链的视角 [J]. 哈尔滨商业大学学报（社会科学版），（6）：82-93.

凌永辉，刘志彪，2018.中国服务业发展的轨迹、逻辑与战略转变——改革开放40年来的经验分析 [J]. 经济学家，（7）：45-54.

凌永辉，张月友，沈凯玲，2017.生产性服务业发展、先进制造业效率提升与产业互动——基于面板联立方程模型的实证研究 [J]. 当代经济科学，39（2）：62-71，126.

刘斌，魏倩，吕越，等，2016.制造业服务化与价值链升级 [J]. 经济研究，51（3）：151-162.

刘佳，蔡盼心，2020.先进制造业与现代服务业耦合协同与区域竞争力提升——基于广东省和江苏省的比较研究[J].科技与金融，（3）：51-61.

刘奕，夏杰长，李垚，2017.生产性服务业集聚与制造业升级 [J]. 中国工业经济，（7）：24-42.

刘永飞，2022.中国政府规制对制造业与高技术服务业融合的影响研究 [D]. 长春：吉林大学.

刘志彪，2006.发展现代生产者服务业与调整优化制造业结构 [J]. 南京大学学报（哲学.人文科学.社会科学版），（5）：36-44.

路丽，陈玉玲，2021.我国制造业与生产性服务业协同水平测度及影响因素研究 [J]. 工业技术经济，40（5）：155-160.

马健，2002.产业融合理论研究评述 [J]. 经济学动态，（5）：78-81.

马健，2005.产业融合识别的理论探讨 [J]. 社会科学辑刊，（3）：86-89.

冒小飞，王克，周京奎，2024.京津冀地区制造业、生产性服务业协同演进与机理研究 [J]. 管理学报，21（9）：1302-1311.

聂飞，2020.制造业服务化抑或空心化——产业政策的去工业化效应研究 [J]. 经济学家，

（5）：46-57.

聂子龙，李浩，2003. 产业融合中的企业战略思考 [J]. 软科学，（2）：80-83.

潘志，李飞，2014. 日本生产性服务业与制造业联动发展经验及其启示 [J]. 科技促进发展，
（2）：120-124.

彭芳梅，2021. 粤港澳大湾区产业融合驱动全要素生产率增长研究——以制造业与生产性
服务业融合为例 [J]. 经济地理，41（11）：38-47.

彭徽，匡贤明，2019. 中国制造业与生产性服务业融合到何程度——基于2010—2014年国
际投入产出表的分析与国别比较 [J]. 国际贸易问题，（10）：100-116.

綦良群，崔月莹，王金石，2021. 中国先进制造业服务化影响因素分析 [J]. 管理现代化，
41（6）：15-19.

綦良群，李庆雪，2017. 装备制造业与生产性服务业互动融合动力研究 [J]. 湘潭大学学报
（哲学社会科学版），41（1）：80-84.

綦良群，赵龙双，2013. 基于产品价值链的生产性服务业与装备制造业的融合研究 [J]. 工业
技术经济，43（12）：118-124.

单元媛，罗威，2013. 产业融合对产业结构优化升级效应的实证研究——以电子信息业与
制造业技术融合为例 [J]. 企业经济，32（8）：49-56.

沈蕾，靳礼伟，2015. 我国科技服务业与制造业技术融合对产业结构升级的影响 [J]. 科技进
步与对策，32（8）：67-70.

苏毅清，游玉婷，王志刚，2016. 农村一二三产业融合发展：理论探讨、现状分析与对策
建议 [J]. 中国软科学，（8）：17-28.

苏永伟，2020. 生产性服务业与制造业融合水平测度研究——基于 2005—2018 年的省级面
板数据 [J]. 宏观经济研究，12：98-108.

孙小宁，2021. 生产性服务业与制造业互动融合及对全要素生产率影响的研究 [D]. 中南财
经政法大学.

孙正，杨素，刘瑾瑜，2021. 我国生产性服务业与制造业协同融合程度测算及其决定因素
研究 [J]. 中国软科学，（7）：31-39.

唐晓华，张欣珏，李阳，2018. 中国制造业与生产性服务业动态协调发展实证研究 [J]. 经济
研究，53（3）：79-93.

陶长琪，周璇，2015. 产业融合下的产业结构优化升级效应分析——基于信息产业与制造
业耦联的实证研究 [J]. 产业经济研究，（3）：21-31，110.

田晓煜，陈怀超，立辉，等，2021.制造业与高技术服务业融合对制造业结构高级化的影响——基于2009—2018年面板数据的分析 [J].管理现代化，41（4）：17-21.

汪德华，江静，夏杰长，2010.生产性服务业与制造业融合对制造业升级的影响——基于北京市与长三角地区的比较分析 [J].首都经济贸易大学学报，（2）：15-22.

汪芳，潘毛毛，2015.产业融合、绩效提升与制造业成长——基于1998-2011年面板数据的实证 [J].科学学研究，33（4）：530-538，548.

王欢芳，彭琼，傅贻忙，等，2023.先进制造业与生产性服务业融合水平测度及驱动因素研究 [J].财经理论与实践，44（1）：114-121.

王淑佳，孔伟，任亮，等，2021.国内耦合协调度模型的误区及修正 [J].自然资源学报，36（3）：793-810.

王文，孙早，2017.制造业需求与中国生产性服务业效率——经济发展水平的门槛效应 [J].财贸经济，38（7）：136-155.

王晓红，王传荣，彭玉麒，2013.发展生产性服务业推动二业融合的国际经验及启示 [J].国际贸易，（8）：18-24.

王晓蕾，王玲，2022.我国物流业制造业融合发展对制造业的产业升级效应及地区差异研究 [J].经济问题探索，（2）：94-111.

王秀伟，2020.大运河文化带文旅融合水平测度与发展态势分析 [J].深圳大学学报（人文社会科学版），37（3）：60-69.

王瑜鑫，2017.“山西综改实验区”成立对能源强度影响的实证分析 [J].统计与管理，（11）：49-50.

王瑜鑫，2017.基于能源消费的山西省碳足迹动态研究 [J].现代营销（下旬刊），（11）：32-33.

王瑜鑫，2018.我国高分子材料产业发展现状与前景——以塑料橡胶为例 [J].环渤海经济瞭望，（7）：68.

王瑜鑫，2021.山西省制造业产业结构和竞争力的偏离份额分析 [J].营销界，（12）：118-120.

王瑜鑫，2021.山西省制造业空间分布特征及影响因素分析 [J].现代工业经济和信息化，11（8）：9-11.

王瑜鑫，2024.农资价格波动对大宗农产品价格影响研究——基于对小麦、玉米、大豆、棉花主产区面板数据分析 [J].价格理论与实践，（6）：44-48.

王瑜鑫，2025.经济学专业数据分析类课程实验实践的融合发展研究 [J].江苏商论，（1）：117-119，123.

魏艳秋，高寿华，2017."互联网+"背景下浙江生产性服务业与制造业融合发展研究——基于 VAR 模型分析 [J].商业经济研究，（13）：156-159.

闻乃荻，綦良群，2016.知识密集型服务业与装备制造业互动融合过程及影响因素研究 [J].科技与管理，18（2）：7-14.

翁钢民，李凌雁，2016.中国旅游与文化产业融合发展的耦合协调度及空间相关分析 [J].经济地理，1（36）：178-185.

吴传清，邓明亮，2020.长江经济带制造业和服务业融合发展水平测度及影响因素研究 [J].扬州大学学报（人文社会科学版），24（4）：44-62.

吴敬伟，江静，2021.产业融合、空间溢出与地区经济增长 [J].现代经济探讨，2021，（2）：67-78.

吴颖，刘志迎，2005.产业融合——突破传统范式的产业创新 [J].科技管理研究，（2）：67-69.

夏斐，肖宇，2020.生产性服务业与传统制造业融合效应研究——基于劳动生产率的视角 [J].财经问题研究，（4）：27-37.

夏杰长，倪红福，2017.服务贸易作用的重新评估：全球价值链视角 [J].财贸经济，38（11）：115-130.

夏杰长，肖宇，2022.以制造业和服务业融合发展壮大实体经济 [J].中国流通经济，36（3）：3-13.

夏伦，2021.产业融合促进了制造业转型升级吗?——基于先进制造业与现代服务业融合的视角 [J].哈尔滨商业大学学报（社会科学版），（5）：68-85.

宣烨，余泳泽，2014.生产性服务业层级分工对制造业效率提升的影响——基于长三角地区 38 城市的经验分析[J].产业经济研究，（3）：1-10.

杨仁发，刘纯彬，2011.生产性服务业与制造业融合背景的产业升级 [J].改革，（1）：40-46.

杨仁发，刘璇，2022.产业融合对制造业转型升级的影响研究 [J].兰州财经大学学报，38（1）：75-84.

杨新洪，2021.先进制造业与现代服务业融合发展评价研究——以广东省为例 [J].调研世界，（4）：3-9.

姚星，蒲岳，吴钢，等，2019.中国在"一带一路"沿线的产业融合程度及地位：行业比较、地区差异及关联因素 [J]. 经济研究，54（9）：172-186.

尹洪涛，2015. 生产性服务业与制造业融合的主要价值增值点 [J]. 管理学报，12（8）：1204-1209.

于斌斌，吴丹，2021. 生产性服务业集聚如何提升制造业创新效率?——基于集聚外部性的理论分析与实证检验 [J]. 科学决策，（3）：18-35.

于刃刚，1997. 三次产业分类与产业融合趋势 [J]. 经济研究参考，（25）：46-47.

于洋，杨明月，肖宇，2021. 生产性服务业与制造业融合发展：沿革、趋势与国际比较 [J]. 国际贸易，（1）：24-31.

曾世宏，沙鸿儒，肖咏嶷，2023. 通向创新之路：数字技术怎样影响制造业全要素生产率——基于中国制造业面板数据的实证检验 [J]. 当代经济，40（2）：24-33.

张虎，韩爱华，2019. 制造业与生产性服务业耦合能否促进空间协调——基于285个城市数据的检验 [J]. 统计研究，36（1）：39-50.

张华明，王瑜鑫，张聪聪，2017. 国省域能源强度趋同俱乐部存在性及影响因素分析 [J]. 长江流域资源与环境，26（5）：657-666.

张继彤，陈煜，2018. 再工业化对美国制造业产出效率的影响研究 [J]. 世界经济与政治论坛，（3）：108-127.

张建军，2018. 高级产业经济学案例分析教程 [M]. 西安：西安电子科技大学出版社.

张健，李沛，2016. 京津地区现代服务业协同创新融合度评价：灰色关联分析 [J]. 现代财经（天津财经大学学报），36（1）：13-21.

张杰，闫新宇，2022. 北京生产性服务业与制造业融合新动态：基于扩大开放视角 [J]. 首都经济贸易大学学报，24（1）：18-31.

张明斗，代洋洋，2023. 制造业与生产性服务业融合发展对区域经济韧性的影响研究——基于先进制造业与现代服务业融合视角 [J]. 华东经济管理，37（4）：88-100.

张幸，钟坚，王欢芳，2022. 中国先进制造业与现代服务业融合水平测度及影响因素研究 [J]. 财经理论与实践，43（3）：135-141.

张翼，2021. 生产性服务业与制造业融合问题研究 [D]. 武汉：中南财经政法大学.

赵珏，张士引，2015. 产业融合的效应、动因和难点分析——以中国推进"三网融合"为例 [J]. 宏观经济研究，（11）：56-62.

赵霞，韩一军，姜楠，2017. 农村三产融合：内涵界定、现实意义及驱动因素分析 [J]. 农业经济问题，38（4）：49-57，111.

赵霞，宁忆童，2021.互联网对流通服务业与制造业融合的影响机制研究 [J].北京工商大学学报（社会科学版），36（2）：25-37.

赵彦云，秦旭，王杰彪，2012."再工业化"背景下的中美制造业竞争力比较 [J].经济理论与经济管理，（2）：81-88.

植草益，2001.信息通讯业的产业融合[J].中国工业经济，2：24-27.

中国经济增长前沿课题组等，2012.中国经济长期增长路径、效率与潜在增长水平 [J].经济研究，47（11）：4-17，75.

周春波，2018.文化与旅游产业融合对旅游产业结构升级的影响效应 [J].当代经济管理，40（10）：69-75.

周茜，2022.中国先进制造业与生产性服务业的融合发展 [J].江苏社会科学，（6）：139-148.